Jens L. Tiedemann

Scham

Viele Begriffe, die wir aus der Psychoanalyse kennen, blicken auf eine lange Geschichte zurück und waren zum Teil schon vor Freuds Zeit ein Thema. Einige Begriffe haben längst den Weg aus der Fachwelt hinaus in die Umgangssprache gefunden. Alle diese Begriffe stellen heute nicht nur für die Psychoanalyse, sondern auch für andere Therapieschulen zentrale Bezugspunkte dar.

Die Reihe »Analyse der Psyche und Psychotherapie« greift grundlegende Konzepte und Begrifflichkeiten der Psychoanalyse auf und thematisiert deren jeweilige Bedeutung für und ihre Verwendung in der Therapie. Jeder Band vermittelt in knapper und kompetenter Form das Basiswissen zu einem zentralen Gegenstand, indem seine historische Entwicklung nachgezeichnet und er auf dem neuesten Stand der wissenschaftlichen Diskussion erläutert wird.

Alle Autoren sind ausgewiesene Fachleute auf ihrem Gebiet und können aus ihren langjährigen Erfahrungen in Klinik, Forschung und Lehre schöpfen. Die Reihe richtet sich in erster Linie an Psychotherapeuten aller Schulen, aber auch an Studierende in Universität und Therapieausbildung.

Unter anderem sind folgende Themenschwerpunkte in Planung:
Selbstverletzung | Angst | Borderline-Störungen | Sucht | Hypochondrie Depression | Sexualität | Triangulierung | Magersucht | Bindung | Übertragung/Gegenübertragung | Adoleszenz | Mentalisierung

Bereits erschienen sind:
Band 1 Mathias Hirsch: Trauma. 2011.
Band 2 Günter Gödde, Michael B. Buchholz: Unbewusstes. 2011.
Band 3 Wolfgang Berner: Perversion. 2011.
Band 4 Hans Sohni: Geschwisterdynamik. 2011.
Band 5 Joachim Küchenhoff: Psychose. 2012.
Band 6 Benigna Gerisch: Suizidalität. 2012.

Band 7 **Analyse der Psyche und Psychotherapie**

Jens L. Tiedemann

Scham

Psychosozial-Verlag

Bibliografische Information der Deutschen Nationalbibliothek
Die Deutsche Nationalbibliothek verzeichnet diese Publikation in der Deutschen Nationalbibliografie; detaillierte bibliografische Daten sind im Internet über http://dnb.d-nb.de abrufbar.

4. Auflage 2022

E-Mail: info@psychosozial-verlag.de
www.psychosozial-verlag.de

Umschlaggestaltung & Satz: Hanspeter Ludwig, Wetzlar
www.imaginary-world.de
ISBN 978-3-8379-2229-5

Inhalt

Einleitung

Scham ist ein Problem, dessen Existenz in der Psychotherapie und Psychoanalyse stillschweigend hingenommen, jedoch von vielen Therapeuten unterschätzt wird. Man könnte sogar so weit gehen und behaupten, dass das ganze System der Psychotherapie nur funktioniert, wenn wir die Scham übersehen, die wir tagein, tagaus in unserer therapeutischen Arbeit ungewollt und vor allem unbewusst sogar hervorbringen. In unserer postfreudianischen Gesellschaft wurde nahezu alles behandelt, *außer* Scham. Das Ausmaß und die Schwere einer unbehandelten Scham übersteigt bei Weitem alles, was wir uns vorstellen können, wie der Emotionsforscher und Therapeut Donald L. Nathanson (1996) provokativ anmerkt.

Scham und häufiger noch Schamangst können spezielle Probleme in der psychotherapeutischen und psychoanalytischen Behandlung (und anderen Lebenssituationen) hervorrufen. Sie können viele Handlungen hemmen und eine Art emotionaler Stagnation hervorbringen, aus der es kein Entkommen zu geben scheint. Weil die Psychotherapie voraussetzt, dass sich Patientinnen und Patienten verbal mit ihren Gefühlen exponieren, ist Scham potenziell ein grundlegender Aspekt unserer therapeutischen Arbeit.

Mit der »Renaissance des Gefühls« in den Wissenschaften der letzten Jahre wurden viele Gefühle, aber endlich auch ein bestimmtes Gefühl von seinem »Schattendasein« befreit: die Scham. Das Gefühl der Scham ist in den letzten zehn bis zwanzig Jahren von Psychoanalytikern, Sozialwissenschaftlern, Neurowissenschaftlern, Philosophen, Anthropologen und Emotionspsychologen untersucht worden. Scham ist ein Affekt, der auch erst seit Kurzem im analytischen Diskurs auftaucht. Sie ist vom Status einer wenig geschätzten und beachteten »Fußnote« aufgestiegen zu einem klinischen Thema von größter Bedeutung. Francis J. Broucek (1991) vertritt den meiner Ansicht nach angemessenen Standpunkt, dass man, wenn man Scham versteht, viel über Pathologie, aber auch über Gesundheit versteht.

Interessant ist in diesem Zusammenhang, dass »Gefühl« als psychoanalytischer Begriff erst seit kurzer Zeit in entsprechenden Wörterbüchern zu finden ist. Dies ist deswegen verblüffend, weil – wie Wilfred R. Bion einmal bemerkt hat – »Gefühle zu den wenigen Dingen gehören, bei denen Analytiker den Luxus genießen, sie als Tatsachen ansehen zu können« (Bion 1990, S. 38). Die meisten Psychoanalytiker oder Psychotherapeuten machen sich vorrangig Gedanken über das affektive Leben ihrer Patienten und reden mit ihnen auch hauptsächlich über diese Emotionalität. Meiner Auffassung nach bestünde die konsequente Weiterentwicklung dieser Praxis in der Feststellung und Anerkennung, dass eine Theorie der Affekte die übergeordnete Perspektive darstellt, die die Behandlungspraxis leitet sowie die Theorien von Trieb, Ich, Objekt, Selbst und interpersonellen Beziehungen verbindet und transzendiert. Die Psychoanalyse hat bisher keine befriedigende und konsensfähige Theorie über das Wesen und die Funktion der Affekte entwickelt. Hier gilt es noch viel zu erforschen.

Diese affektzentrierte Vision der Psychoanalyse stellt eine Alternative zu den gängigen Fokussierungen dar und trägt der paradoxen Tatsache Rechnung, dass die klinische *Zentralität* mit der *theoretischen Vernachlässigung* der Affekte unvereinbar ist.

Scham fühlt sich subjektiv an wie eine unerwartete Bloßstellung, die uns defizitär und minderwertig erscheinen lässt. Das Selbst fühlt sich den Blicken des anderen wie unter einem Vergrößerungsglas ausgesetzt. Schüchternheit, Peinlichkeit, Selbstbeobachtung und Schuld stellen die affektiven Indikatoren für Scham dar.

Scham als ein kurz und »überflutend« auftauchender Affekt muss jedoch von der *verinnerlichten* Scham unterschieden werden. Die Aufgabe von Therapeutinnen und Therapeuten ist es, einerseits einen Zugang zu dieser verinnerlichten Form der Scham zu finden, die mit stabilen und konstant abwertenden Verurteilungen, dem »inneren Richter«, in Zusammenhang steht. Andererseits sollte ein Fokus auch auf dem »Gegenwarts-Unbewußten« (Sandler/Sandler 1985) und der »Hier-und-jetzt-Scham« liegen, die immer wieder verhüllt und maskiert in der therapeutischen Dyade oder Gruppe auftaucht.

Das Schamgefühl ist – zusammen mit dem Angstgefühl – insgesamt der sich am leichtesten generalisierende, der am schnellsten sich ausbreitende und überflutende von allen Affekten. Er ist auch jener Affekt, der die Wurzel für Gefühle der Minderwertigkeit darstellt. Die Scham als »Wärterin der Integrität des Selbst« (Joraschky 1998, S. 105) ist doppelgesichtig: Sie bezieht sich einerseits auf den intrapsychischen Bereich der Selbst(wert) regulation, andererseits auf den intersubjektiven Bereich der Beziehungsregulation. Die Scham ist dabei nicht nur ein »subjektives« Gefühl, sondern besitzt vor allem eine »intersubjektive« Dimension, von der ihr »ansteckender« Charakter zeugt (Tiedemann 2008 a).

In der Scham erfährt das Subjekt eine Infragestellung und Bedrohung der sozialen Wertschätzung, Akzeptanz und Anerkennung. Das Selbst wird über die Dimension der Fremdperspektive, über den Blick des anderen bedroht und in diesem Blick des oder der anderen erscheint das Selbst als nicht akzeptabel: »Wie eine Wunde, die von einer unsichtbaren Hand im Inneren verursacht wurde, unterbricht Scham das natürliche Funktionieren des Selbst« (Kaufman 1989, S. 5, eigene Übersetzung).

Psychotherapie nun kann der *Auflösung* von Scham dienen, sie kann aber genauso ein Setting für das *Hervorbringen* von Scham sein. Scham durchzieht von der ersten bis zur letzten Minute den therapeutischen Prozess der Begegnung und ist, so meine zentrale These, eine Hauptquelle für Widerstand, Kollusionen und problematische Übertragungs-Gegenübertragungs-Konstellationen im Sinne von »Enactments«. Da Schamgefühle an der Grenze zwischen dem Selbst und dem Anderen angesiedelt sind, sind sie »ansteckend«: Das Teilhaben an einer Schamszene, von der der Patient berichtet, löst automatisch Scham im Therapeuten aus. Das ist auch ein wichtiger Grund dafür, warum Scham so lange von der Psychoanalyse ignoriert wurde: Der Therapeut muss sich selbst innerlich mit der eigenen Scham auseinandersetzen, die die

Scham des Patienten in ihm zum Resonieren bringt. Es existiert daher ein unbewusster Wunsch und Drang beim Therapeuten, die Wahrnehmung und Anerkennung der eigenen Scham zu umgehen.

Als Zuschauer an einer beschämenden Szene teilzuhaben oder von ihr zu hören, löst ein Gefühl der Peinlichkeit aus, wie wir aus der neurophysiologischen Forschung über Spiegelneurone wissen (Bauer 2005). In einem Bereich, in dem es um »Geschichten« – persönliche Narrationen – geht, wird dies besonders deutlich. Das Schildern von Inhalten, die zum Teil ein Leben lang geheim gehalten wurden, ist für den Patienten in der Psychotherapie mit zum Teil intensivsten Schamgefühlen verbunden. In der Folge kann diese Scham auch den Psychotherapeuten ergreifen und anstecken, ohne dass ihm dies bewusst sein muss. Diese Art der »Gefühlsansteckung« durch Scham hat demnach eine besondere Relevanz in psychodynamischen Psychotherapien. Das subjektive Gefühl der Grenzenlosigkeit, das mit solchen Schamgefühlen verbunden ist, verweist auf den Zeitpunkt seiner genetischen Entstehung.

Deshalb sind Einfühlung und therapeutisches Taktgefühl das oberste Gebot, um dem Patienten erst einmal Sicherheit und Geborgenheit zu vermitteln, bevor es an die Aufarbeitung der tief vergrabenen Affekte und Konflikte geht, die oft genug schon als Defekte in der frühesten Entwicklung angelegt worden sind, wenn die Feinabstimmung etwa zwischen Mutter und Kind missglückt ist.

Da Schamgefühle und -konflikte dermaßen unsere Fähigkeit zu Lust, Freude und Sexualität hemmen und limitieren – die »vielleicht am meisten unterschätzte Kraft der Menschheitsgeschichte« (Briegleb 2009, S. 9) –, ist es erstaunlich, dass sich die Psychoanalyse nicht eingehender mit diesem Affekt beschäftigt hat. Besonders die Schamangst kann die Selbsterforschung und Selbstoffenbarung hemmen, von denen die Behandlung abhängig ist. Aus Scham leisten viele Patientinnen und Patienten Widerstand, weil sie sogar Vernichtung fürchten, wenn sie bisher uneingestandene Gefühle und Konflikte einräumen müssen. Jedoch ist die Scham in der Hinsicht nicht bloß als »Widerstand« zu verstehen, der aufgelöst werden muss, sondern als ein grundlegend bedeutsames Element, das bestimmt, wer jemand ist. Scham ist nicht einfach ein Hindernis auf dem Weg dahin, wer jemand sein *möchte* (»Idealitätsscham«).

Scham kann aber nicht nur als Widerstand in der Therapie auftauchen. Nach neuem psychoanalytischen Verständnis kann Scham als ein Zentralaffekt verstanden werden, von dessen Analyse aus sich viele Störungen neu erschließen und therapieren lassen.

Scham kann zurückgehen auf eine »Urscham«, die entsteht, wenn ein Kind unwillkommen, abgelehnt oder in seiner Existenz verachtet wird. Und Scham kann sich grundsätzlich auf andere Gefühle und Bedürfnisse ausdehnen, besonders auf Gefühle der Abhängigkeit in intimen Beziehungen.

Scham entsteht an der Grenze von Selbst und Anderem. Aber: Wessen Scham ist es dann eigentlich, könnte man zu Recht fragen. Kann ich mich schämen, ohne beschämt zu werden? Kann ich mich vor mir selbst schämen, ohne dass es einen Beschämenden oder wenigstens einen Zeugen gibt? Vielleicht ist Scham, so kann man postulieren, der ultimative »intersubjektive« und »relationale« Affekt, ein Produkt, aber auch ein Zeichen unserer tief verwurzelten Verstrickung mit unserer interpersonellen Umgebung, unser »unerträgliches Eingebettetsein des Seins« (Stolorow/Atwood 1992, S. 22), die uns unsere grundlegende soziale Natur immer wieder vor Augen führt. Das Thema der Scham bringt uns zum Verbindungspunkt zwischen Kultur und Individuum, Selbst und Anderem. Scham ist einerseits »sozialer Klebstoff«, der die kulturellen Standards und Ideale und deren Überschreitung anzeigt und überwacht, wird andererseits aber auch schnell zu einer unüberbrückbaren Trennung.

Es ist das Thema der Scham, mehr als jedes andere, das uns meines Erachtens mit dem konfrontiert, was Sozialkonstruktivisten und intersubjektiv orientierte Psychoanalytiker die *intersubjektive Ableitung des Selbst* nennen. Die Beschäftigung mit Scham sammelt unsere Gedanken in die von Donald W. Winnicott (1974) dargestellte Richtung, dass es nämlich so etwas wie ein Baby nicht gibt – ohne die mit ihm interagierende Mutter. Für Winnicott ist die Einheit der psychischen Entwicklung nicht das Kind allein, sondern eine intersubjektive Entität, die Mutter-Kind-Einheit. So stellt die intersubjektive Natur der Scham den Ausgangspunkt dafür dar, zu erforschen, wer wir für uns selbst sind und ob dieses Selbst Ablehnung oder Anerkennung von anderen Menschen erfährt.

Zur Entstehung psychoanalytischer Schamkonzepte

Freuds vier Schamauffassungen

Das zunächst Auffälligste an Freuds Beschäftigung mit der Scham ist die theoretische Inkonsistenz, mit der er diesen Affekt zu konzeptualisieren versucht. Er hat in diesem Sinne auch keine *Theorie* der Scham vorgelegt, vielmehr stehen in seiner strukturellen und triebtheoretischen Auffassung die Schuld, Angst und der Ödipus-Komplex im Zentrum. Dieses grundsätzliche Fehlen eines Interesses an der Scham als für die Psychodynamik des Individuums relevanten Affekts hat sicherlich unterschiedlichste theoretische und persönliche Beweggründe, um die es unten kurz gehen soll.

Nichtsdestotrotz hat Sigmund Freud über Scham geschrieben. Er versteht Scham zunächst als ein *Motiv* für Abwehr, also als eine affektive Erfahrung, die die Furcht beinhaltet, abstoßende Geheimnisse einem beobachtenden Publikum zu offenbaren. Gleichzeitig verbindet er Scham mit Moralität und Ekel und sieht sie als Grund für die Verdrängung der Sexualität, das heißt als Funktion der Abwehr. Zusammen mit Josef Breuer (Freud 1895) hat Freud den Begriff der *Verdrängung* als umfassenden Begriff der Abwehr konzeptualisiert, die dagegen gerichtet ist, dass bestimmte unlustvolle Affekte, so auch Scham, ins Bewusstsein dringen. Diese Abwehr ist somit gegen das Bewusstsein gerichtet, der Schmerz ist ein solcher, der mit der Erwartung einer Ablehnung und Bewertung von anderen verbunden ist, eine Ablehnung, die als Selbstkritik verinnerlicht wird.

Es scheint, dass die affektive Erfahrung und die Abwehr in Freuds Denken untrennbar miteinander verknüpft sind. Diese

Sicht der Scham als *interpersonalem Affekt*, der mit der Erfahrung des Beobachtetwerdens zu tun hat, wird von ihm jedoch nur in seinen Briefen an Wilhelm Fließ (1893) und in der *Traumdeutung* (1900) am Rande erwähnt. Diese Bestimmung findet nie den Weg zu einer von Freud ausgearbeiteten Theorie der Scham.

In einem weiteren Brief an seinen Freund Fließ aus dem Jahre 1896 liefert Freud die theoretische Vorarbeit zum Thema der Abwehrneurosen. Freud sieht hierin Scham zunächst in Verbindung mit der Sauberkeitserziehung. In einer Passage schreibt er, »daß Scham und Moralität die verdrängenden Kräfte sind und daß die natürliche Nachbarschaft der Sexualorgane unfehlbar beim Sexualerlebnis auch Ekel wecken muß« (Freud 1896/1999, S. 179). In diesem Abschnitt betrachtet Freud Ekel neben der Scham und der Moral als eine Kraft, die sich der Abfuhr der Libido in den Weg stellt. Freud benutzt dabei die Begriffe Scham, Ekel und Moralität stets gemeinsam und beschreibt Scham und Ekel als eine Art Damm gegen das instinkthafte Leben. Nach Freud ist Scham phylogenetisch und ontogenetisch reaktiv, hemmend und verbietend, dem Lustprinzip entgegengestellt und führt dazu, dass man sich selbst bestimmte (natürliche) Verhaltensweisen verbietet. Die ursprüngliche Natur des Menschen ist in seiner Sichtweise »schamlos« (oder besser »schamfrei«). »Diese der Scham entbehrende Kindheit«, so Freud im Jahre 1900, »erscheint unserer Rückschau später als Paradies, und das Paradies selbst ist nichts anderes als die Massenphantasie von der Kindheit des einzelnen« (ebd., S. 250).

Die Bemerkungen über den sozialen Kontext der Scham, die Freud in diesem Brief an Fließ andeutet, aber kaum weiterverfolgt hat, tauchen im Wesentlichen in der *Traumdeutung* aus dem Jahre 1900 wieder auf. Verstreut finden sich hier Hinweise auf den interpersonalen, sozialen Kontext der Scham. Freud stellt fest, dass Scham ursprünglich nicht ohne die Anwesenheit eines beschämenden Erwachsenen denkbar ist. Er schreibt: »Ein Selbstvorwurf wird zu Scham, wenn ein anderer ihn zufällig mithört« (ebd., S. 274). Anhand von Verlegenheitsträumen der Nacktheit verweist Freud in der *Traumdeutung* auf die Rolle, die der Wechsel vom Privaten zum Öffentlichen in der Scham spielt. In diesen Nacktheitsträumen, die er »Exhibitionsträume« nennt, taucht Scham dann auf, wenn etwas, das der Einzelne als zu seiner Intimsphäre gehörend betrachtet, an die Öffentlichkeit kommt: »Die Leute, vor denen man sich schämt, sind fast immer Fremde mit unbestimmt gelassenen Gesichtern« (ebd., S. 248).

Anhand der Beschreibung einer eigenen Kindheitserinnerung verdeutlicht Freud, wie er selbst mit der eigenen kindlichen Scham zurechtkam: »Nun ist mir folgende Szene aus meinem Kinderleben erzählt worden [...]. Ich soll – im Alter von zwei Jahren – noch gelegentlich das Bett naß gemacht haben, und als ich dafür Vorwürfe zu hören bekam, den Vater durch das Versprechen getröstet haben, daß ich ihm in N. (der nächsten größeren Stadt) ein neues, schönes rotes Bett kaufen werde« (1900, S. 221). Der französische Analytiker Serge Tisseron (2000) kommentiert diese Szene dahingehend, dass der junge Freud tatsächlich weniger Angst vor der eigenen Scham empfunden haben muss als vor jener Scham, die seine Eltern seinetwegen empfunden haben könnten. Freud möchte seinen Eltern diese Verlegenheit und Scham ersparen.

Anhand dieser Episode verdeutlicht sich das grundlegende Versäumnis Freuds, dieses Beispiel zu einer Theorie der Scham auszuarbeiten. Freud begnügte sich stattdessen mit dem Hinweis auf den »kindlichen Größenwahn«, der bei dem Versprechen, ein neues Bett zu kaufen, durchscheine, sowie auf den intimen Zusammenhang zwischen Bettnässen und dem Charakterzug des Ehrgeizes.

Freud hat in den *Drei Abhandlungen zur Sexualtheorie* (1905) Scham, ebenso wie Schüchternheit, als Reaktionsbildung auf exhibitionistische und voyeuristische Wünsche interpretiert und nicht etwa Ehrgeiz als Reaktionsbildung auf Scham, eine Interpretation, die diese Anekdote ebenso zulässt. In dieser zentralen Arbeit beschreibt Freud Scham als »Macht, welche der Schaulust entgegensteht« (S. 56). Er definiert diesen Affekt als Reaktionsbildung im Dienste der Verdrängung – ein Gedanke, den er schon in seinen früheren Arbeiten verfolgt hat. Die Verdrängung richte sich gegen die exhibitionistischen und voyeuristischen Partialtriebe.

In den *Drei Abhandlungen zur Sexualtheorie* bewegt sich Freud eindeutig weg von der Sicht der Scham als einer affektiven Antwort darauf, gesehen zu werden, hin zu einer Theorie der Scham als Abwehr gegen (Partial-)Triebe. Er beginnt damit, ein Modell der Psyche zu entwerfen, das Angst und Schuld eine hervorragende Bedeutung beimisst. Freud bestimmt, in dieser Phase seines Schreibens, Scham als Affekt *und* als Abwehr. Von seinen früheren Werken ausgehend, in denen er sie als *Motiv* für Abwehr, als Vermeidung des Schamaffekts sah, bewegt er sich immer mehr dahin, sie zusätzlich als *Methode* der Abwehr zu verstehen – als Affekt, der der instinkthaften »Schamlosigkeit« entgegensteht und uns auf einen ethischen und zivilisierten Weg bringt.

Nach der Erwähnung der Scham in den frühen Formulierungen in Zusammenhang mit Konflikten und deren Abwehr kommt es in Sigmund Freuds Werk zu einer abrupten Vernachlässigung der Scham, nachdem er den Fokus auf die intrapsychischen Fantasien gelenkt hat. Freud hat nach diesem Fokuswechsel die Natur der Scham und Schamkonflikte einseitig konzeptualisiert und sich fast ausschließlich auf Konflikte bezogen, die sich um den Partialtrieb des Exhibitionismus drehen. Nach besagter Arbeit aus dem Jahr 1905 taucht das Thema der Scham tatsächlich für fast ein Jahrzehnt nicht mehr in den Schriften Freuds auf. Im Jahr 1914 streift Freud die Scham in seiner wichtigen Arbeit *Zur Einführung des Narzissmus* nur indirekt, indem er das Konzept des Ich-Ideals im Zusammenhang mit dem Narzissmus einführt. Er erwähnt nur am Rande, dass Scham und Schüchternheit Gefühle seien, derer man sich entledigen müsse, die »durchgearbeitet werden müssen«, wenn die Analyse fruchtbar sein soll.

Der Zusammenhang zwischen Scham und Narzissmus wird von Freud weder hier noch in seinen späteren Arbeiten explizit erwähnt. Erst in jüngster Zeit wurde diese Verbindung von Autoren wie Léon Wurmser (1990) und Andrew P. Morrison (1989) aufgenommen und speziell von Letztgenanntem ins theoretische Zentrum seiner Konzipierung der Scham gestellt. Nach 1914 ignorierte Freud Scham fast gänzlich, sie taucht nur selten auf, und wenn, dann am Rande.

Mit der Einführung der Strukturtheorie in *Das Ich und das Es* (1923) schreibt Freud die Kraft, die dafür sorgt, dass der Geschlechtstrieb das normale Maß nicht überschreitet, einer unabhängigen Instanz zu, die er »Über-Ich« nennt. Diese Instanz, die zum Teil unbewusst ist, verbindet das moralische Gewissen, die Selbstbeobachtung und die Idealbildung. Neben der Moral, der Traumzensur und der Verdrängung umfasst das Über-Ich auch das »Ich-Ideal«. Durch das Ich-Ideal ist die Scham mit dem

Über-Ich verbunden. Von dieser Hypothese weicht Freud nicht mehr ab, und auch zeitgenössische psychoanalytische Theorien über Scham stellen diesen Aspekt in den Vordergrund.

Die letzten beiden Erwähnungen des Schamaffekts in Freuds Werk stammen aus den dreißiger Jahren des letzten Jahrhunderts. Er schreibt in *Das Unbehagen in der Kultur* (1930) in einer Fußnote, dass Scham beim Menschen entstanden sei, als er den aufrechten Gang angenommen habe, »der nun die bisher gedeckten Genitalien sichtbar und schutzbedürftig macht und so das Schämen hervorruft« (S. 459). Mit dem aufrechten Gang und der damit einhergehenden stärkeren Sichtbarkeit der Genitalien sei auch eine Veränderung der sexuellen Stimulation von einer eher olfaktorischen hin zu einer betont visuellen Stimulation verbunden. Daraus folgert Freud, dass Konflikte des Exhibitionismus, also des Sehens und Gesehenwerdens, phylogenetisch bedeutsamer wurden. Diese Sicht steht in klarem Widerspruch zu seiner früheren Auffassung der Scham als Hemmung gegen instinkthafte Gratifikationen. Im Jahr 1933 bringt Freud die Scham nicht so sehr mit dem Bedürfnis, sich zu verstecken und die Genitalien zu schützen, in Zusammenhang, als vielmehr mit dem Wunsch, ein genitales Defizit zu verbergen. Scham kennzeichnet er hier als »exquisit weibliche Eigenschaft«, ihre »ursprüngliche Absicht« sei, »den Defekt des Genitals zu verdecken« (S. 142).

Zusammenfassend lassen sich vier Auffassungen von Freud gegenüber der Scham ausmachen. In seinen frühen Arbeiten bestimmt Freud die Scham:

1. eindeutig als *Affekt innerhalb eines sozialen Kontextes* und setzt sie mit der Angst vor Bewertung gleich,
2. als ein *Motiv* für Abwehr, das heißt als affektive Erfahrung,
3. als eine *Methode* der Abwehr, als Reaktionsbildung im Dienste der Verdrängung sowie
4. in Verbindung zum *Narzissmus* und zu *Idealen*.

Diese Ambiguität (Scham als *Affekt*, als *Motiv* und *Methode* der Abwehr, als *Symptom*) zieht sich durch Freuds Werk und findet sich auch bei den meisten Autorinnen und Autoren, die sich nach ihm mit dem Thema der Scham befasst haben. Angefangen mit Freuds Unterscheidung von »sozialer Angst« (Scham) und »moralischer Angst« (Schuld) haben die meisten Autoren in seiner

Folge eine psychodynamisch-triebtheoretische und strukturell-konflikthafte Differenzierung dieser Affekte vorgenommen.

Wir können also festhalten, dass Freud keine konsistente Theorie der Scham entwickelt hat. Grundsätzlich ist seine Einstellung diesem Affekt gegenüber eine ablehnende. Scham sieht er als Hauptmotiv dafür an, die Verdrängung und den Widerstand in den psychoanalytischen Prozess zu bringen, somit sich der Einsicht in die sexuelle Dynamik entgegenzustellen, die den unterschiedlichen Neurosen zugrunde liegen. Freud hat sich nur in seinen ersten großen Arbeiten mit dem Schamaffekt beschäftigt. Das Problem der Schuld ist für ihn – und damit auch für die ganze spätere Psychoanalyse – von größerer Bedeutung.

Angst wurde in der Folge zum »historischen Prototyp« von Affektzuständen erklärt (Altmeyer 2008), gewissermaßen zum »Superaffekt« (Hilgers 2006). Die psychoanalytische Literatur hat sich demnach zwar mit Angst, Depression und Schuld beschäftigt, die Triebe blieben jedoch immer ihr Mittelpunkt. Auch in der Zeit nach Freud wurde zwar viel über spezifische Affekte geschrieben, in der Regel waren diese Ausführungen jedoch nicht in eine umfassende Theorie der Affekte eingebettet.

Vor diesem Hintergrund der generellen Vernachlässigung der Affekte erscheint es nicht mehr verwunderlich, dass Freud auch der Scham keine besondere Bedeutung beigemessen hat. Insgesamt versteht Freud die Scham als eine *Reaktionsbildung* gegen den Partialtrieb der Schaulust. Er bleibt bei seinem Verständnis dieses Affekts im Rahmen der von ihm konzipierten Triebtheorie. Aufgrund der sehr widersprüchlichen Aussagen Freuds über die Natur der Scham kommt Serge Tisseron (2000) zu dem Schluss, dass heutzutage »den Psychoanalytikern immer noch das theoretische Rüstzeug für die Auseinandersetzung mit Schamsituationen zu fehlen scheint« (S. 9).

Freuds »blinder Schamfleck«

Sigmund Freud maß der Scham weder in den theoretischen Schriften noch bei der psychoanalytischen Behandlung eine explizite Bedeutung bei und konzentrierte sich stattdessen auf Schuldgefühle und -konflikte. Wie Till Bastian (1998) feststellt, wurden die Gefühle, mit denen sich der Kliniker Freud tagtäglich in seinen Behandlungen auseinandergesetzt hat, *bei der Theoriebildung* seltsamerweise vernachlässigt. Dies ist verwunderlich aufgrund der Tatsache, dass Freud sich bei seiner Behandlung von neurotischen Störungen stark auf den Aspekt der Sexualität und deren Verdrängung bei der Hysterie konzentrierte und sich somit schon thematisch zwangsläufig in die Nähe des Schamerlebens bewegte. Das Aussprechen sexueller Fantasien, die sich auch auf den Analytiker beziehen, muss man sich in der analytischen Behandlung als eine sowohl für die Patienten als auch für die Analytiker potenziell peinliche und beschämende Situation vorstellen. Dies wird jedoch in Freuds Behandlungsprotokollen nicht ersichtlich. Sein früher Behandlungsstil erscheint, besonders im legendären Fall Dora (Freud 1905) als ein tendenziell direktiver, »überführender« und sogar potenziell beschämender.

Einige psychoanalytische Autoren haben darauf hingewiesen, dass Freud bezüglich des Schamaffekts nicht nur einen theoretischen, sondern vor allem einen persönlichen »blinden Fleck« gehabt hat. Theoretisch ist dieser blinde Fleck sicherlich vordergründig damit zu erklären, dass Freud Schuld als »reiferes« und »edleres« Gefühl verstand und damit ins Zentrum seiner Theorie stellte. Scham wurde entwicklungsgeschichtlich als ein »primitiverer« Affekt, als Produkt eines oralen Bedürfnisses und eines analen Scheiterns angesehen – im Gegensatz zu den ödipalen, »höheren« Wünschen und Fantasien. Nach heutiger affekttheoretischer Sichtweise ist dies nicht korrekt, denn Scham und Schuld tauchen entwicklungspsychologisch etwa zur selben Zeit auf.

Es war für die frühen Analytiker sicherer und leichter, sich mit den schuldbelasteten Impulsen statt mit einem »sich-schämenden Selbst« zu befassen. Beide Affekte spielen eine wichtige Rolle bei der Entwicklung des Gewissens. Ein Grund für die Nicht-Beachtung der Scham ergäbe sich daher aufgrund der fehlenden Sprache über diesen Affekt – solange es in der Psychoanalyse keine »Sprache für das Selbst« gab, konnte auch der Affekt, der dem Selbst am nächsten steht, die Scham, nicht angemessen konzeptualisiert werden. Zudem gibt es ein gewisses Ausmaß an *Scham über die Scham an sich*, die sie der Betrachtung entzieht. Wie Micha Hilgers (2006) zu Recht betont, entspricht die auffällige Nicht-Beachtung der Scham in der Psychoanalyse auch ihrem Charakter selbst, denn der ansteckende und gleichzeitig versteckende Charakter der Scham führt schnell zu einem Übersehen in der Gegenübertragung.

Die Nähe der Scham zum Narzissmus und zum »Minderwertigkeitsgefühl« – und damit auch zu den von Alfred Adler in die Psychoanalyse eingebrachten Begrifflichkeiten – sieht Andrew P. Morrison (1989) als weitere theoretische Erklärung dafür an, weshalb Freud der Scham nicht die gebührende Aufmerksamkeit zollte. Adler hingegen bezeichnet die Grundspannung zur Identitäts- und Autonomieentwicklung zwar nicht explizit als Scham, aber die von ihm beschriebenen »Inferioritätsgefühle« zielen eindeutig auf diesen Affekt ab.

Die lang andauernde theoretische Vernachlässigung der Scham im psychoanalytischen Denken hat sicherlich komplexe Ursachen. Zusammenfassend lässt sich als ersten Grund nennen, dass die Natur der sozialen Bande, der Bindung, der Zentralität von Beziehungen für die menschlichen Erfahrungen und die Rolle der Scham, die diese Beziehungen und Bindungen reguliert, lange Zeit von der Psychoanalyse übersehen wurde. Der zweite Grund ist eher einer, der aus dem klinischen Erscheinungsbild und der charakteristischen Eigenschaft der Scham heraus zu erklären ist, der zufolge Scham ihren dynamischen Einfluss meist in verschleierter Form geltend macht. Als dritter Grund schließlich ist zu nennen, dass Scham einen nicht zu unterschätzenden unbewussten Druck auf Psychotherapeuten ausübt, der dazu verleitet, dieses zutiefst unangenehme und ansteckende Gefühl im klinischen Setting mit den Patientinnen und Patienten zu umgehen. Dies kann in ungünstigen Fällen zu einer gemeinsamen Kollusion zwischen Therapeut und Patient führen, in der die unbewusste Vereinbarung steht, die Konfrontation mit diesem Affekt tunlichst zu vermeiden.

Es liegen interessante Überlegungen vor, wie Freuds eigene Schamverletzlichkeit zu dieser Ausklammerung und Vernachlässigung beigetragen haben könnte. Melvin R. Lansky und Andrew P. Morrison (1997) spekulieren, dass Freuds Betonung der Schuldgegenüber der Schamdynamik das Resultat seiner Selbstanalyse gewesen sein könnte, auf der seine Theorie grundsätzlich beruht. Scham manifestiert sich phänomenologisch in der Tendenz zum Verhüllen, Verbergen und zur Geheimhaltung – sogar vor sich selbst. Schuld dagegen motiviert uns dazu, zu beichten und sich zu offenbaren. Es lässt sich annehmen, dass Freuds Tendenz, Schuld und nicht Scham in den Vordergrund seiner Überlegungen zu stellen, auch damit zu erklären ist, dass ihn die Schuldgefühle aus seiner eigenen Selbstanalyse dazu bewegt haben, eben diese zu offenbaren und in den theoretischen Fokus zu stellen. Seine Schamsensibilität ist ihm eventuell durch den eher verschleiernden Charakter nicht in dem Maße bewusst geworden.

Aus klinischen Erfahrungen wissen wir, dass die Schamangst dazu führt, wichtiges Material dem Bewusstsein nicht zugänglich zu machen. Es könnte sein, dass Freuds niederdrückende Angst und Schuld in Bezug auf die ödipalen Konflikte mit seiner Unfähigkeit erklärt werden könnte, die eigenen Schamkonflikte zu erkennen. Die offensichtliche Verbindung der »Kastration« mit der Angst vor sozialer Beschämung, nicht so sehr mit der Angst vor der tatsächlichen Verstümmelung, sind für die Autoren Lansky und Morrison (ebd.) eine plausible Erklärung dafür, dass der eigene blinde Fleck zur Vernachlässigung dieses Affekts führte.

Walter Ricci und Francis J. Broucek (1998) postulieren, dass sich Freud, als er von seinen früheren Sichtweisen um die Zentralität der affektiven Dynamik in der Pathogenese hin zur Betonung der Sexualität und Aggression als primäre Beweger des psychischen Lebens bewegte, die Scham als wichtige regulierende Kraft des psychischen Lebens vernachlässigte. Statt analysiert zu werden, wurde diese unreflektierte Schamdynamik unbewusst institutionalisiert in den technischen Prinzipien der Neutralität, Abstinenz und Anonymität. Dadurch, dass Freud die wissenschaftliche Haltung auf die psychoanalytische Situation übertragen hat, begünstigte er eine Tendenz zur Objektivierung des Patienten, die letztlich die Entwicklung eines intersubjektiven Modells der analytischen Beziehung verhinderte: »Diese Objektivierung brachte mit sich ein reiches Potenzial für Schamerfahrungen des Patienten, während gleichzeitig der Analytiker von solchen Erfahrungen verschont wurde« (Ricci/Broucek 1998, S. 44).

Francis J. Broucek (1991) erwähnt zusätzlich eine andere mögliche Erklärung für den blinden Fleck bei Freud. Gruppen benutzen Schuld und Scham, um die Konformität und den Zusammenhalt zu erhalten. Diese soziale Konformität, die durch die Scham garantiert wird, sei eine Konformität, die auf Identifikation und geteilten Idealen beruht. Zurückweisung, Verbannung, soziale Ausstoßung und Verlassenwerden ist dabei die drohende Strafe. In der psychoanalytischen Gemeinschaft basiere die Kohäsion auf einer Schamangst, einer Angst vor der drohenden Beschämung, die durch das Abweichen von den von Freud gesetzten Idealen ausgelöst werden würde. Es ist also nicht weiter verwunderlich, dass Schuld so viel Aufmerksamkeit von Freud (und den nachfolgenden Generationen) erhalten hat und Scham so wenig. Die Funktion der Scham und Schamangst, die dazu beiträgt, die Gruppenidentifikation mit Freud zu erhalten, musste so ungedeutet bleiben.

Es gäbe sicherlich noch einige Gebiete, auf denen Freuds Schamvulnerabilität deutlich gemacht werden könnte: die Scham über die ärmlichen Verhältnisse, aus denen seine Familie stammte, seine enttäuschenden Beziehungen zu männlichen Kollegen, die Angstsymptomatik, seine sexuellen Schwierigkeiten, seine Kokainsucht, seine langjährige Krebskrankheit etc. All dies deutet darauf hin, dass Freud durchaus ein Mensch war, der Schamgefühle von sich selbst gekannt haben muss. Die Institutionalisierung der Blickvermeidung durch die Couch, die für Freud persönliche Gründe hatte, da er es nicht aushielt, angestarrt zu werden, weist auf Freuds eigene Geheimhaltungstendenz und Schamverletzlichkeit hin. Dieses Ausschließen der visuellen Komponente ist neben anderen erwähnten Gründen dafür verantwortlich, dass nicht über Scham nachgedacht wurde. Es war der Urheber der Psychoanalyse selbst, so kann man vermuten, der durch seine eigene unreflektierte Schamsensitivität eine psychoanalytische Beziehung mit der Abwesenheit des Blickkontakts geschaffen hat.

Psychoanalytische Schamkonzepte in der Folge Freuds

Eine sehr bezeichnende Eigenart der Psychoanalyse ist die anhaltende Zentralität ihres Gründers. Dies trifft für die gesamte psychoanalytische Disziplin zu, in besonderer Weise für das Verständnis der Scham als Affekt, wie dieser lange Zeit von Freud und seinen Nachfolgern konzeptualisiert wurde.

Scham wird, wie dargestellt, in der traditionellen psychoanalytischen Theorie als Abwehr gegen tiefer gelegene Triebkonflikte gesehen. In der Nachfolge Freuds schreibt Otto Fenichel (1945, S. 199): »Als Abwehrmotiv richtet sich die Scham hauptsächlich gegen Exhibitionismus und Schaulust.« Und weiter: »Sich seiner zu schämen, bedeutet, nicht gesehen werden zu wollen. Daher verbirgt sich, wer sich schämt, oder wendet doch zumindest sein Gesicht ab. Zugleich schließt er die Augen und weigert sich, etwas zu sehen. Es ist die Art magischer Geste, die aus dem Glauben entspringt, daß, wer nichts sieht, nicht gesehen werden kann« (ebd., S. 200). Fenichel tritt in der Weise in Freuds vorgegebene Fußstapfen, dass er sich mit der von ihm aufgeworfenen Parallelität von Ekel, Angst, Scham und Schuldgefühlen beschäftigt. Die klassisch triebtheoretische Sichtweise der Psychoanalyse lässt sich so weit zusammenfassen, dass der Schamaffekt überwiegend als Abwehrphänomen verstanden wird.

Ähnlich wie einige Jahre zuvor Alfred Adler beschäftigt sich auch Karen Horney (1950) indirekt mit der Scham, indem sie sich Gedanken über die Effekte der Scham in Form der Konzepte des »neurotischen Stolzes«, über das »Stolz-System« und über die »Minderwertigkeits- und Unzulänglichkeitsgefühle« macht. Für sie ist das dynamische Zentrum der Neurosen die Angst – und ein Element der Angst ist die Hilflosigkeit.

Einer der ersten Psychoanalytiker, der sich mit der Entwicklung und der zeitlichen, entwicklungspsychologischen Einordnung von Scham beschäftigt hat, ist Erik H. Erikson (1971, 1982). Er datiert das Auftauchen der Scham in der kindlichen Entwicklung in das zweite Lebensjahr und fasst sie in den Kategorien *Autonomie*, *Scham* und *Zweifel* zusammen. Nach klassischem psychoanalytischem Verständnis der psychosexuellen Entwicklungsphasen steht das zweite Lebensjahr im Zeichen der Analität. Es geht in dieser Entwicklungsphase um Konflikte bezüglich Reinlichkeitserziehung, Autonomie und Selbstbeherrschung. Insbesondere Scham und Zweifel sind die dafür phasentypischen Affekte. Erikson schreibt dazu, dass »der Zweifel der Bruder der Scham« sei (1982, S. 246). Mit der Fähigkeit des kleinen Kindes, den Schließmuskel zunehmend zu kontrollieren, geht sprachlich die *Verneinung* einher (das Freud'sche Konzept der analen Phase ist objektbeziehungstheoretisch als *Selbst-Objekt-Differenzierung* zu verstehen).

Neben dieser entwicklungsgeschichtlichen Bedeutung der Scham hat sich Erikson jedoch auch mit der intersubjektiven und sozialen Komponente dieses Affekts beschäftigt, wie aus folgendem Zitat hervorgeht:

> »Der sich Schämende nimmt an, daß er rundherum allen Augen ausgesetzt ist, er fühlt sich unsicher und befangen. Er ist den Blicken der Welt noch dazu höchst unvorbereitet ausgesetzt [...]. Scham drückt sich frühzeitig in dem Impuls aus, das Gesicht zu verstecken, am liebsten jetzt und hier in die Erde zu versinken [...]. Der Schamerfüllte möchte vielmehr die Welt zwingen, ihn nicht anzusehen oder seine beschämende Situation nicht zu beachten. Er würde am liebsten die Augen aller anderen zerstören. Statt dessen muß er sich seine eigene Unsichtbarkeit wünschen« (1982, S. 247).

Auffällig ist, dass aus der englischen Objektbeziehungstheorie keine spezifischen Schamkonzeptionen erarbeitet worden sind, obwohl William R.D. Fairbairn (1952) die Scham mit der frühen Objektangewiesenheit in Zusammenhang bringt und vieles von dem, was sein Schüler Harry S. Guntrip (1968) beschreibt, im Rahmen von Schamkonflikten verstanden werden kann – ohne diese explizit zu erwähnen. Er spricht stattdessen von »Ich-Schwäche«. Die Scham findet sich auch nicht in den Überlegungen der Objektbeziehungstheoretikerin Melanie Klein wieder. Sie stellte stattdessen den Aggressionstrieb, besonders den Neid und die Fantasien von feindseligen Handlungen, in den Vordergrund.

Das Ich-Ideal, also der Teil des Über-Ichs, den wir heute mit Schamkonflikten in Beziehung setzen, war für Sigmund Freud nicht eindeutig in seinem Konzept des Über-Ichs differenziert. Aus diesem Grunde wurden von ich-psychologischen Autoren Scham- und Schuldgefühle gelegentlich miteinander gleichgesetzt (zum Beispiel von Hartmann und auch von Loewenstein). In einer wichtigen Arbeit aus dem Jahre 1953 beschäftigen sich Gerhart Piers und Milton B. Singer mit Scham- und Schuldaffekten und differenzierten diese erstmalig voneinander. Was gemeinhin als »Gewissen« bezeichnet wird, beinhaltet nach Piers und Singer das »Über-Ich« als Aspekt des postödipalen Gewissens, den Sitz der Verbote und Vergeltung (und damit das Schuldgefühl). Das »Ich-Ideal« ist jener Aspekt des Gewissens, der sich auf Ideale und Ziele richtet und zu psychischen Konflikten führen kann, in denen es um Scham geht. Dieser Aspekt des Ich-Ideals ist auch bei Personen anzutreffen, bei denen andere Teile des Gewissens »primitiv« erscheinen, zum Beispiel als Über-Ich-Vorläufer mit Ängsten vor Verfolgung durch rachsüchtige böse Objekte.

Die Zuordnung von Scham als Konflikt zwischen Ich und Ich-Ideal und Schuld als Konflikt zwischen Ich und Über-Ich bildet die Grundlage für die späteren Selbstpsychologen.

Der Selbstpsychologe Andrew P. Morrison (1989) bezieht sich in seinem Schamverständnis auf die Vorarbeiten von Piers und Singer (1953) und schreibt: »Scham ist die zentrale Antwort auf *Versagen* in Hinblick auf das Ideal, auf Mängel in der Selbsterfahrung« (1989, S. 20).

Scham kann – wie Piers dargestellt hat – auftreten, wenn bestimmte Erwartungen nicht erfüllt werden; diese Erwartungen können weitgehend bewusste Ich-Normen oder weitgehend unbewusste Ich-Ideal-Normen sein. Damit ist für die Selbstpsychologen Scham als das präverbale Fundament der Ich-Ideal-Struktur identifiziert worden. Das Auffälligste an dieser Konzeption ist die Entkoppelung des Schamaffektes von den Trieben.

In einer anderen psychoanalytischen Schrift aus dieser Zeit weist Helen Lynd (1958) auf die umfassendere Qualität der Scham im Gegensatz zur Schuld hin, wenn sie schreibt, dass Scham eine viel »globalere Qualität« besitze. Sie stellt in ihrem Buch über Scham das Element der Plötzlichkeit, der Überraschung in den Vordergrund, das der Scham innewohnt. Das Einbezogensein des gesamten Selbst macht in ihren Augen eines der besonderen Merkmale der Scham aus und macht sie auch zu einem Schlüssel für die gesamte Identität – ein Gedanke, der von den Selbstpsychologen später weiterentwickelt wurde.

Lynd entwickelt die These, dass es für das Gefühl persönlicher Identität und Freiheit wesentlich sei, sich der Scham zu stellen und sie zu transzendieren: »Die Erweiterung der Möglichkeit gegenseitiger Zuneigung hängt davon ab, ob man es riskiert, sich zu exponieren. Durch solche Zuneigung lernt man die Bedeutung des Exponiertseins ohne Scham kennen und von Scham, die umgeformt wird dadurch, dass sie verstanden und geteilt wird«

(ebd., S. 239). Scham, so Lynd (ebd., S. 31), ist aber nicht das Resultat davon, sich einer anderen Person gegenüber preiszugeben, sondern auch die Bloßstellung sich selbst gegenüber von bestimmten Selbst-Anteilen, die man lieber nicht anerkannt hätte.

Eine weitere psychoanalytische Theoretikerin, die sich intensiv mit Schamkonflikten beschäftigt hat, ist Helen Block Lewis (1971), die beobachtete, dass Scham im Vergleich zu Schuld eine weniger differenzierte, irrationalere, primitivere, wortlosere Reaktion darstellt. Scham hat nur wenig kognitiven Inhalt. Erst im Nachhinein, im Zurückblicken auf das Schamerleben, kommt es zu intensivem Nachdenken. Sie hat die Scham als eine »Implosion« oder momentane Vernichtung des Selbst beschrieben und wies zu Recht darauf hin, dass, wenn der Therapeut die Schamgefühle des Patienten übersieht, dessen Störungen verstärkt oder in ihrer zeitlichen Ausdehnung verlängert werden. Sie bemerkte zum Beispiel, dass nicht beachtete und behandelte Scham einen großen Teil der »negativen therapeutischen Reaktion« ausmacht. In den Fällen, in denen der Therapeut die Scham jedoch erkennt und dem Patienten helfen kann, mit ihr umzugehen, wird die Behandlungsdauer deutlich verkürzt. Dies erfordert jedoch eine Sensibilisierung und Fokussierung auf diesen Affekt und die mit ihm verbundenen Introjekte. Lewis führte auch die klinisch äußerst wichtige Unterscheidung von »offener« versus »umgangener Scham« in die psychoanalytische Diskussion ein.

Mit ihrem Buch hat Lewis den Weg für eine differenzierte Auseinandersetzung mit Schamaffekten in der psychoanalytischen Theorie geebnet. Sie setzt sich darin auch mit der Rolle der Scham bei Depressionen auseinander. Ihrer Theorie nach resultiert die Depression aus »nicht entladener Scham«. Scham ist in dieser Sichtweise untrennbar mit Narzissmus verknüpft, weil es in der Scham um das Selbst geht – und dies bringt unweigerlich das narzisstische Thema mit sich.

Der Begründer der Selbstpsychologie, Heinz Kohut (1976, 1979), erwähnt erstaunlicherweise die Scham in expliziter Form lediglich am Rande, meist im Zusammenhang mit der Wut narzisstischer Persönlichkeitsstörungen. Fortschritte in der Analyse schamvulnerabler Patienten könnten nach seiner Sicht dann erzielt werden, wenn es gelänge, den Scham provozierenden Exhibitionismus unrealistischer Größenfantasien in angemessenes Selbstwerterleben und Freude am Erfolg und an Kreativität umzuwandeln. Scham manifestiere sich seiner Ansicht nach, wenn das Selbst von exhibitionistischer Libido überschwemmt werde in Form massiver Größenvorstellungen oder ekstatischer Verschmelzungswünsche.

In Heinz Kohuts Theorie der schweren Persönlichkeitsstörungen kommt zwar dem Signalaffekt der Fragmentierungs*angst* eine wesentliche Rolle zu, seine Theorie lässt aber den wichtigen Aspekt außer Acht, dass eine bereits erfolgte oder antizipierte Fragmentierung des Individuums zum Teil massive Scham hervorruft, unter anderem weil sie in massivem Widerspruch zu seinen Maßstäben der Selbstachtung steht. Damit verleugnete er, wie stark das Ich-Ideal zur Entstehung von Fragmentierungsangst beiträgt.

Einschränkend muss man jedoch anmerken, dass die klassische Selbstpsychologie generell den Affekten eine eher geringe Aufmerksamkeit gewidmet hat, obwohl gerade der affektive Gegenspieler der Scham, der Stolz, durch Kohut eine Rehabilitierung erfuhr. Im Gegensatz zur Schuld, die sich laut Freud eindeutig auf einen intersystemischen Konflikt zwischen Ich und Über-Ich bezieht, besteht nach Meinung vieler Selbstpsychologen beim Schamgefühl nicht eindeutig eine Verbindung zu innerseelischen Konflikten, sondern zum *Selbsterleben*.

Erst Francis J. Broucek (1991) hat sich in Kohuts Nachfolge besonders mit dem Thema beschäftigt, wann Scham im Zusammenhang mit der »objektiven Selbstwahrnehmung« erstmals in der Entwicklung des Kleinkindes auftaucht und wie sie mit der narzisstischen Entwicklung im Zusammenhang steht. Broucek hat das selbstpsychologische Verständnis der Scham nachträglich verändert und bereichert. Sein Hauptaugenmerk gilt dem Zusammenhang von Scham und »Verdinglichung« oder »Vergegenständlichung«. Darunter versteht er die Erfahrung, dass »der eigene Status als Subjekt ignoriert, missachtet, verleugnet oder verneint wird« (ebd., S. 151).

Ein zentraler Gedanke ist dabei die Frage nach dem Verhältnis von Scham und Selbstobjektivierung, deren Genese Broucek zwischen dem 18. und 24. Lebensmonat ansetzt und in der er eine grundlegende Voraussetzung für das Erleben von Scham sieht. Er geht davon aus, dass sich »primitive« Schamerlebnisse schon in den ersten eineinhalb Lebensjahren einstellen, bevor ein objektives Selbstbewusstsein vorhanden ist. Die früheste

Quelle des Schamgefühls liegt seiner Ansicht nach in den frühkindlichen Erlebnissen der eigenen *Wirkungslosigkeit*. Scham könne auch, neben der Scham der *Vergegenständlichung*, in Momenten entstehen, in denen die Mutter für das Kind zu einer Fremden wird. Die zweite entwicklungspsychologische Quelle der Scham ist die Selbstobjektivierung bzw. -verdinglichung, die eine Dissoziierung in der kindlichen Psyche hervorruft. Und als dritte Quelle kann die episodische oder chronische Erfahrung gelten, von den Pflegepersonen als *nicht liebenswert* oder als *Sündenbock* angesehen zu werden.

Ähnlich wie der Affektforscher Silvan S. Tomkins (1963) argumentiert auch Broucek, dass Scham im Zusammenhang mit Interesse, Freude oder Erregung dann empfunden wird, wenn wirkungslose Erlebnisse oder unerwartete Ereignisse zu einer plötzlichen Abschwächung dieser positiven Affekte führen. Die Scham scheint stets ein Element eines kognitiven Schocks zu beinhalten – einer Diskrepanz zwischen Erwartung und Aktualität. Auch der amerikanische Psychotherapeut Gershen Kaufman (1989) steht ebenfalls wie sein Landsmann Donald L. Nathanson (1992) in der Tradition der Affekttheorie Tomkins.

Aus einer klassisch psychoanalytischen Position heraus betrachtet, setzt sich Léon Wurmser (1990) wie kein anderer Autor mit der *intra*subjektiven Seite der Scham auseinander, das heißt, er interpretiert konsequent die Psychodynamik der Scham im Rahmen der Triebpsychologie Freuds als einen intrasystemischen Konflikt von Trieben (der Scham gegenüber steht hier der Exhibitionismus) und ihrer Abwehrseite in Form von Über-Ich-Verboten. Der einer Schamkonstellation zugrunde liegende, intersystemische Konflikt bezieht sich nach Wurmser auf *Macht* und *Ohnmacht*. Er entwickelt in seinem grundlegenden Werk *Die Maske der Scham* (1990) aus einer großen Fülle und einer detaillierten Betrachtung klinischer Fallberichte seine Theorie der Psychodynamik der Scham. Da Wurmser die Psychodynamik der Scham in einem klassischen, dreigeteilten Strukturmodell konzipiert (Ich, Über-Ich und Es), nimmt er an, dass der Schamaffekt vom Über-Ich ausgeht und dass Verachtung und Angeschautwerden unerlässliche Bedingungen für seine Manifestation sind. In diesem Sinne ist Scham ein »Teil der Affekte, die das Über-Ich hervorruft« (ebd., S. 40).

Schamkonflikte aus Sicht der heutigen Psychoanalyse

In den letzten 35 bis 25 Jahren fand innerhalb der psychoanalytischen Theoriebildung eine deutliche Verschiebung in Richtung »relationale« und »intersubjektive« Konzepte statt. Obwohl es zum Teil deutliche Unterschiede zwischen den interpersonellen, intersubjektiven und relationalen psychoanalytischen Schulen gibt (Eagle 2011; Mertens 2011; Altmeyer/Thomä 2006), kann man zusammenfassend sagen, dass alle neueren Entwicklungen der Psychoanalyse die psychotherapeutische Beziehung als eine betrachten, in der *beide* Partner mit ihrem ganzen Wesen am Dialog beteiligt sind.

Grundsätzlich wird im Intersubjektivismus psychisches Erleben als etwas betrachtet, was sich in einer Beziehungsmatrix gestaltet. Intersubjektivität geht dabei der Subjektivität *voraus*. Im Rahmen dieser intersubjektiven und relationalen Denkschulen verstanden, wirken in der Psychotherapie zwei Subjektivitäten unablässig aufeinander ein. In diesem Sinne ist die Intersubjektivitätstheorie eine Systemtheorie, die, wie es der Analytiker Chris Jaenicke (2011) ausgeführt hat, das »Primat der wechselseitigen Beeinflussung« und das »Primat der Subjektivität« ins Zentrum der psychoanalytischen Betrachtung und Veränderung stellt. Dabei sind unsere Wahrnehmungen nichts Gleichbleibendes, sondern sind von unserer (wechselhaften) Affektivität genährt und mit unserer Subjektivität durchtränkt: »Über alles, was wir anschauen, breitet sich der Schleier unserer Subjektivität« (Jaenicke 2011, S. 14). Das dritte Primat, das der »Ko-Determinierung«, besagt, dass die psychotherapeutische Begegnung beide Beteiligten (in unterschiedlichem Maße) verändert. In dieser

Hinsicht sind das Therapiegespräch und der Behandlungserfolg ko-determiniert.

Für Freud war ja bekanntlich der Analytiker ein neutraler Beobachter, der das Unbewusste ergründen und bewusst machen wollte. Der heilende psychoanalytische Faktor wurde in der *Einsicht* gesehen, nicht in der *Beziehung zum Patienten*. In der neuen Psychoanalyse gilt es demgegenüber als nicht mehr verwerflich, sich »verstricken« zu lassen in die Beziehungsangebote des Patienten, die aufseiten der Therapeuten an seine unvermeidliche Subjektivität andocken. »Wir dürfen uns nicht dagegen wehren, in die unvermeidlichen Inszenierungen hineingezogen zu werden, sondern müssen uns im Gegenteil darüber im Klaren sein, dass dies ohnehin geschehen wird, ob wir wollen oder nicht«, schreibt beispielsweise Jaenicke (2011, S. 130). Entscheidend ist eher, ob sich der Therapeut kreativ aus diesen »Verstrickungen« – auch »Enactments« oder »Handlungsdialoge« genannt – lösen kann und dass sich der Patient nicht nur durchschaut, beschämt, ertappt oder sogar verfolgt fühlt. Damit nehmen Scham und Beschämung eine zentrale Rolle in der neueren psychotherapeutischen und analytischen Praxis und Theorie ein.

Eine Arbeitshypothese lautet dabei, dass Scham in erster Linie als ein *inter*subjektives Geschehen konzipiert werden muss. Das Spiel von Verbergen, Enthüllung und Sich-Zeigen ist primär ein *sozialer* Vorgang. Der »Blick des Anderen« – auch der fantasierte Blick – ist das entscheidende Moment. Die bisher existierenden psychoanalytischen Theorien der Scham konzipieren diesen Affekt entweder aus triebpsychologischer oder aus selbstpsychologischer Perspektive. Es werden demnach entweder die intrapsychischen Konflikte in den Vordergrund gestellt (Freud 1905), das Selbst-Objekt-Versagen (Spero 1984), die Diskrepanz zwischen Ich-Ideal bzw. Selbst-Ideal und Ich (Morrison 1989) oder die Objektifizierung (Broucek 1991), die den Schmerz der Scham ausmachen.

Die selbstpsychologische Sicht Andrew P. Morrisons (1989), die die Scham in gewisser Hinsicht als eine größtenteils intrapsychische, innere Erfahrung ansieht, kann im Rahmen der heutigen relationalen und intersubjektiven Sichtweise nicht mehr in dieser Ausschließlichkeit vertreten werden. Entscheidend für die Scham ist nicht primär und zwingend ein Spannungszustand zwischen Ich und Ich-Ideal. Kritisch kann man demnach anmerken, dass die beziehungsregulierende und ansteckende Natur der Scham in der Konzeption, die von Piers und Singer (1953) und Morrison (1989) vertreten wird, nicht ausreichend berücksichtigt wird. Ich stimme demgegenüber Serge Tisseron (2000) zu, der Scham als inhärenten »sozialen Affekt« versteht und anhand von traumatischen Erfahrungen zeigt, dass der andere im Schamerleben keineswegs immer die kindliche, ins Ich-Ideal eingewanderte Eltern-Imago repräsentiert, die nach außen projiziert wurde – wie dies die klassische, aber auch die selbstpsychologische Theorie unterstellt.

Neben der Affekt- und Säuglingsforschung stellte die Selbstpsychologie die theoretische Richtung dar, die sich in den letzten Jahrzehnten am meisten mit dem Schamaffekt beschäftigt hat. Francis J. Broucek (1982, S. 369) bemerkt dazu, dass für die psychoanalytische Selbstpsychologie Scham das ist, was Angst für die Ich-Psychologie ist – der »Schlüssel-Affekt«. Scham als »subjektives« Gefühl, das stark mit dem Selbstgefühl verbunden ist, wird so zum Zentrum der Theorien. Die große Bedeutung von Scham als Affekt, ihr starker Bezug zum Selbst und zum Anderen – diese Aspekte tragen dazu bei, dass ein großer Teil der derzeitigen psychoanalytischen Literatur über Scham aus dem selbstpsychologischen Lager stammt, das der Interaktion größeren Wert beimisst als die klassische psychoanalytische Triebvorstellung, die eher von einer Monade und Ein-Personen-Psychologie ausgeht. Kein Gefühl ist dem Selbst und der eigenen Identität näher als die Scham.

Die Bedeutung und Konzipierung der Scham – so kann man festhalten – hängt von der jeweiligen theoretischen Struktur ab, in die sie eingebettet ist: sei es das klassische psychoanalytische Modell, das Selbstpsychologie- oder das Intersubjektivitätsmodell.

Heutzutage ist es die relationale, interpersonale und intersubjektive Psychoanalyse, die allgemein auf die behandlungstechnische Bedeutung affektiver Vorgänge und speziell auf die Rolle von Schamaffekten fokussiert, da hier der Bedeutung der »Interaffektivität« und Wechselseitigkeit besonders in der therapeutischen Situation Wert gelegt wird. Durch die Konzentration der Intersubjektivisten Robert D. Stolorow und seiner Mitarbeiter (1996) auf die *Affektintegration* und ihre *Entgleisungen* werden die komplexen Beziehungen zwischen Entwicklungsstörungen und der Bildung seelischer Konflikte – sowohl in der Kindheit wie auch in der psychoanalytischen Situation – anders betrachtet, als dies in der klassischen Psychoanalyse der Fall ist.

Das bestehende psychoanalytische Schamverständnis wird hier durch die Idee der *Intersubjektivität* und *Relationalität* der Scham erweitert und vertieft. Dieser relationale oder interaktionelle Ansatz der Psychoanalyse stellt eine bedeutsame (konstruktivistische) Wende in Behandlung und Theorie dar. Dieses neu erwachte Interesse betrifft Affekte nicht nur als *subjektive* Phänomene des Erlebens, sondern auch in ihrer Bedeutung auf der ursprünglichen Kommunikationsebene, gewissermaßen als »Sprache vor der Sprache«. Wir erleben Gefühle nicht nur innerlich, intrapsychisch, sondern Gefühle haben immer auch eine zwischenmenschliche, eben »intersubjektive« Dimension. Sie beziehen sich auf das »Zwischen«, das Menschen miteinander verbindet. In diesem Zwischenraum, dem »Übergangsraum« (Winnicott 1974), erhalten Affekte eine kommunikative Bedeutung.

Intersubjektive Bezogenheit und Anerkennung

Schamaffekte sind zwar zutiefst intim und subjektiv, aber sie äußern sich immer sozial, interaktionell oder intersubjektiv. Wie fast kein anderer ist der Schamaffekt – neben der Liebe und der Schuld – relational, also ein Beziehungsaffekt, auf andere Menschen hin orientiert, zeigt an, wie das Individuum seine Beziehung zu sich und anderen gestaltet: Die Scham ereignet sich zwischen zwei oder mehr Menschen und zugleich zwischen den Anteilen des Selbst. Günter H. Seidler (1995) bezeichnet Scham deswegen als »Schnittstellenaffekt«, der sich auf der Grenze zwischen Person und Umwelt, zwischen dem Ich und dem Du befindet. Scham führt dazu, dass wir uns vom anderen abwenden, seinem Blick entfliehen, gleichsam »vom Erdboden verschwinden wollen«. Somit haben das Schamerleben und die Schamsituationen immer etwas mit einem Bruch, einer Unterbrechung und Beurteilung zu tun. Gershen Kaufman (1989, S. 19) schreibt, dass sich das Erleben von Scham wie ein Bruch anfühle, entweder im Selbst, in einer Beziehung oder in beidem.

Scham ist ein affektives Erleben, das sowohl zwischenmenschliches Vertrauen als auch innere Sicherheit verletzt. Scham wirft uns auf uns selbst zurück. Der amerikanische Psychoanalytiker Francis J. Broucek (1991) erläutert, dass Scham eine Überarbeitung der Konzepte von uns selbst, von anderen und von der Welt auslösen kann. Wir sind genötigt, unsere Beziehung zu uns selbst und dem, was außerhalb von uns ist, zu modifizieren. Damit trifft die Scham im Kern unser Identitätserleben und vor allem die Angst vor Identitätsverlust. Diese Angst vor Identitätsverlust äußert sich dergestalt, dass grundsätzlich alles, was die eigene Identitätsbehauptung angreifen könnte, eine Belastung des hochsensiblen Schamempfindens darstellt. Die Scham wäre dann im Grunde als ein *persönliches Schutzgefühl* aufzufassen, das die *Integrität des Selbst* behüten und beschützen soll.

Aus intersubjektiver Sicht weist der pathogene Schamaffekt auf die frühen Beziehungen des Kindes zu den wichtigen Bezugspersonen hin und wirft die Frage auf, welche affektive Resonanz das Kind erhalten hat, wie es – selbstpsychologisch ausgedrückt – in seinen Selbst-Objekt-Bedürfnissen gespiegelt wurde und inwieweit sich ein stabiles Selbstwertgefühl entwickeln konnte. Konnte sich das in der Entwicklung befindliche Individuum mit seinen kindlichen Insuffizienzgefühlen und seinen »negativen« Affekten angenommen fühlen? Wenn dies nur in unzureichendem Maße erfolgte, kann Scham später, im Erwachsenenleben, als extrem lähmend erfahren werden; sie überflutet unter Umständen das ganze Selbst. Aus einer intersubjektiv orientierten Psychoanalyse heraus betrifft dies die ehemals frustrierten kindlichen Selbstobjektbedürfnisse nach Anerkennung, Existenzberechtigung, empathischer emotionaler Spiegelung und Bewunderung – und die schamhafte Abwehr dagegen. Wenn es später in der Therapie zu einem Bruch in den Selbstobjektübertragungen und damit zu einer erneuten Frustration dieser Wünsche kommt, werden zum Teil heftige Wut- und Verzweiflungsgefühle spürbar (Mertens 2011). Aus diesem Grunde versuchen intersubjektive und relationale Therapeuten viel stärker als der Mainstream der klassischen Ich-Psychologen, die eigene Subjektivität permanent zu reflektieren. Diese reflektierte Subjektivität des Therapeuten und seine affektspiegelnden Interventionen werden zu den wichtigsten Größen der Behandlung.

Die Bindungsforscher Peter Fonagy und Mary Target (2002) unterstreichen die fundamentale Bedeutung des Spiegelns in der kindlichen Selbstwerdung: »Während der Kleinkindzeit sind die kontingenten Antworten der Bindungsperson deshalb weit mehr als bloße Rückversicherungen, dass jemand da ist und schützt. Sie sind vielmehr die Voraussetzung dafür, dass die eigenen emotionalen Verfassungen als solche erkannt werden. Das ist ein Zwischenschritt auf dem Weg, auch andere Personen als psychische Wesen zu verstehen und Intentionen zu entwickeln« (S. 854). Durch die Ergebnisse der Säuglingsforschung und von psychoanalytischen Bindungsforschern wie Fonagy et al. (2004) unterstützt, wurde ebenfalls die Rolle der »Spiegelung« der Gefühle der frühen Bezugspersonen hervorgehoben. In der Säuglingsforschung wird die Fähigkeit von Müttern und Vätern, die affektive Verfassung des Kleinkindes angemessen zu spiegeln, als zentraler Mechanismus angesehen, der die frühe Entwicklung des Selbst in bedeutsamer Weise beeinflusst.

Der berühmte Säuglingsforscher Daniel N. Stern (1992) nimmt in seiner Theorie des intersubjektiven Selbst an, dass der Mensch das (vielleicht) einzige Lebewesen ist, das nicht nur die *Befriedigung* seiner Bedürfnisse anstrebt, sondern außerdem noch deren *Anerkennung*. Daher rühren in der Folge für Martin Dornes (2001) auch viele – wenn nicht die meisten – neurotischen Probleme »nicht von frustrierten Triebwünschen, sondern von frustrierten Anerkennungsbedürfnissen her« (S. 141). Diese Anerkennung, *primäre Intersubjektivität* oder *affektive Resonanz* wird damit von der Säuglingsforschung als wichtiger Baustein der psychischen Entwicklung anerkannt.

Das Selbst entwickelt sich demnach – pointiert formuliert – aus Verhältnissen intersubjektiver Anerkennung. Aus entwicklungspsychologischer Perspektive stellt die Anerkennung und Freude der Eltern am Dasein und Sosein ihres Kindes eine basale Form der Resonanz dar, die für die Entwicklung des Selbst und des Selbstwertgefühls von großer Bedeutung ist. Donald W. Winnicott (1971) hat in der Trias von *Erkennen*, *Anerkennen* und *Anerkanntwerden* einen Weg für die Entstehung von Subjektivität beschrieben. Er bringt diese stark mit dem Gesichtssinn in Verbindung: »In der individuellen emotionalen Entwicklung *ist das Gesicht der Mutter der Vorläufer des Spiegels* […]. Was erblickt das Kind, das der Mutter ins Gesicht schaut? Ich vermute im allgemeinen das, was es in sich selbst erblickt. Mit anderen Worten: Die Mutter schaut das Kind an, und *wie sie schaut, hängt davon ab, was sie selbst erblickt*« (S. 128).

Jene Spiegelfunktion der Mutter ist für den Aufbau des Selbst von elementarer und lebenslang prägender Bedeutung. Wenn dieser »Glanz im Auge der Mutter« (Kohut 1976, S. 141) fehlt, kommt es zu einer grundlegenden Störung in der Mutter-Kind-Beziehung. »Bleibt das Antlitz der Mutter ohne Antwort, so wird das Kind zwar lernen, daß man Spiegel anschauen kann, es wird aber nicht begreifen, daß man in Spiegel hineinschauen kann« (S. 128), schreibt Winnicott (1971, S. 129).

Um ein sicheres, kohärentes Bild seiner selbst und – damit eng verbunden – ein Gefühl persönlicher Identität zu entwickeln, bedarf ein Kind praktisch von Geburt an der Erfahrung einer ausreichend empathischen »Antwort« auf sein Dasein und Sosein durch die Mutter in einem ständigen, für beide Teile befriedigenden Dialog. Die Gesichter anderer, in den frühen Phasen der Entwicklung besonders der Mutter, sind möglicherweise die wichtigste Informationsquelle in unserer frühen Welt. Kinder lernen schnell das, was sie sagen, tun und fühlen, auf der Grundlage der Gesichtsausdrücke derjenigen zu modifizieren, die um sie herum sind.

Caroline Neubaur (1987) beschreibt in Anlehnung an Winnicott die Wirkung der nicht spiegelnden Mutter mit den Worten: »Wenn die mich spiegelnde Mutter mich nicht spiegelt, sondern starr und abweisend aussieht, kann ich dem natürlichen Gefälle meiner Entäußerung, meiner physischen Bewegung nicht folgen, bin ich auf der Hut, denn im Angesicht einer drohenden, starr oder abgewandt blickenden Mutter mich zu präsentieren, würde Vernichtung bedeuten« (S. 60).

Viele Autorinnen und Autoren, die sich mit dem Schamaffekt beschäftigt haben, verweisen auf die enge Verbindung zwischen Scham und Gesichtssinn, vor allem auf den *ablehnenden* Blick (Ayers 2003; Bastian 1998; Broucek 1991; Wurmser 1990). Nach Francis J. Broucek (1991) stammt Scham aus Erfahrungen von interpersoneller Wirkungslosigkeit des Säuglings. Es ist der »objektivierende Blick«, der den Menschen zu einer Sache, zu einem Gegenstand macht und ihn dehumanisiert. Der französische

Philosoph Jean-Paul Sartre (1974) hat diese intersubjektive Natur prägnant formuliert: »Die Scham ist Scham über sich selbst, sie ist Anerkennung des Tatbestandes, daß ich wirklich jenes Objekt bin, das der Andere sieht und aburteilt« (S. 348). Gerade dieser aburteilende und bewertende Blick des anderen ist es, der als so schmerzhaft und belastend erlebt wird. Es ist ein Blick, der den anderen verdinglicht, zu einem Objekt macht.

Der objektivierende Blick des anderen wird als *Verachtung* interpretiert. Der Mensch erlebt sich als getrennt von anderen, jegliche Verbindung existiert in diesem Moment nicht mehr. In seinem Erleben wird er durch den Blick zu einem Gegenstand, einer Sache. Man fühlt sich in der Scham häufig wie ein Objekt behandelt, während man versucht, mit dem anderen in einer intersubjektiven Weise in Beziehung zu treten. Unter der Linse des »Scham-Mikroskops«, das diesen negativen Affekt verstärkt, werden Defekte sichtbar, und narzisstisch aufgeladene Aspekte des Selbst werden bloßgestellt: »Es ist, als ob das, was wir versuchten, vor jedem zu verbergen, plötzlich unter dem brennenden Auge der Öffentlichkeit sichtbar wird« (Izard 1991, S. 332).

Eckhard Daser (2005) vertritt die Ansicht, dass die Entwicklung einer gesunden Identität und damit eines gesunden Selbstwertgefühls nur über die Anerkennung der eigenen Person durch eine andere möglich ist. Damit diese Anerkennung etwas wert ist, muss sie von einem Menschen ausgehen, den das Subjekt seinerseits für anerkennenswert hält. Anerkennung bedeutet in diesem Zusammenhang, dass man etwas am anderen (ein Verhalten, eine Leistung oder einen Charakterzug) für wertvoll hält und ihm dies bestätigt. Anerkennung ist im therapeutischen Setting damit eine »Wert zuschreibende Handlung«, die in Abhängigkeit vom Kontext das Selbstwertgefühl des Patienten stärkt und seine Beziehungsangst mindert, sodass er seine Abwehr reduzieren und sich dem therapeutischen Prozess zuwenden kann. Nach Daser (2005) beinhaltet demgemäß »jedes analytische Verhalten eine interaktionelle Dimension und kann folglich von einer interaktionellen Anerkennungs- oder Entwertungswirkung begleitet sein« (S. 169). Diese Gefühle der fehlenden »existenziellen Anerkennung« (S. 168) können zu Gefühlen des Nicht-Angenommenseins, der sozialen Beschämung und der Erfahrung des Abgelehntwerdens führen.

In diesem Geschehen sind Probleme des Sehens und Gesehenwerdens – der Scham und deren Abwehr – aufs Engste miteinander verbunden. Das Gelingen eines Dialogs ist daher weder selbstverständlich noch einfach zu erreichen. Es hängt davon ab, was die Beteiligten von sich zeigen, das heißt, wie groß oder klein ihre Schamangst ist. Ein solches *sich zeigendes Entgegentreten* stellt nach Daser (1995) aber auch ein Wagnis dar, ohne das kein Anerkennungsprozess in Gang kommen kann. Die Anerkennungserfahrungen spielen nach Daser (2003) vor allem bei der Therapie von Frühstörungen eine wichtige Rolle.

Die Beziehung zwischen dem Selbst und dem Anderen ist, so kann man zusammenfassen, nicht im klassischen psychoanalytischen Sinne primär durch Bedürfnisbefriedigung geprägt, sondern durch ein sich früh entwickelndes *Bedürfnis nach Anerkennung*.

Der anerkennende oder verachtende Blickkontakt

Nach der emotionspsychologischen Konzeption der Scham von Silvan S. Tomkins (1963) ist jegliche Beeinträchtigung einer aktuellen Erfahrung von Interesse und Erregung oder Genuss und Freude, die das Interesse oder den Genuss dämpft, aber nicht aufhebt, ein Auslöser für Scham. Wenn diese Unterbrechungen im Säuglingsalter häufig auftreten, handelt es sich um eine potenziell pathologische Entwicklung. Ob Scham als durchlebte Erfahrung zu einer nützlichen Komponente der Regulierung oder zu einer pathologischen Hemmung wird, ist durch folgende Faktoren determiniert:

- ➢ durch die Häufigkeit, mit der die Betreuer Scham aktivieren,
- ➢ die Länge der Zeit, in der Säuglinge in einem Schamzustand gelassen werden oder verharren müssen, bevor Wiedergutmachungsbestrebungen eintreten, sowie
- ➢ durch das Gleichgewicht zwischen Bestätigung als Ermutigung und Scham als Unterbrechung.

Nach dieser Ansicht dient Scham der Hemmung von Interesse und Erregung und kann somit als Gegenpart zu bestätigenden und bejahenden Reaktionen betrachtet werden. Die Befunde der

Säuglingsforscher Joseph D. Lichtenberg und Kollegen (1996) belegen die Wichtigkeit der Rolle der bejahenden, anerkennenden oder resonierenden Antwort – und vor allem das Versagen einer solchen Antwort, das als »existenzielle Scham« erfahren wird.

Das Auge ist mittels des Blicks besonders beziehungsrelevant, es ist sozusagen ein »aktives soziales Regulationsorgan«. Aus der Perspektive der relationalen Psychoanalyse und Selbstpsychologie betrachtet, ist unser Auge zunächst immer auch das Auge des anderen. Der Gesichtsausdruck der Mutter, der Glanz oder die Mattheit in ihren Augen, dominieren und definieren die unmittelbare Welt des Säuglings und damit sein Sein.

Psychopathologische Scham wäre demnach nicht eine innerpsychische Spannung zwischen einem Trieb (Exhibitionismus) und dem Über-Ich (Verbot), sondern eine Spannung aufgrund der empathischen Versagung eines Bedürfnisses – dem Bedürfnis nach Anerkennung oder einer bejahenden oder wertschätzenden Antwort.

Die existenzielle Bedeutung dieses empathischen, anerkennenden Blickkontakts wird von Ruthellen Josselson (1992) hervorgehoben: »Scham ist das Ergebnis, wenn ein geschätzter Teil unseres Selbst offenbart wird und dann Abscheu in den Augen des anderen sichtbar wird. An einem Ende der Scham liegt die Erfahrung der Vernichtung, die, allgemeiner gesprochen, der negative Pol der Auge-zu-Auge-Erfahrung ist. Das ungespiegelte Selbst fragmentiert. In seinem Versagen, seine Kohäsion zu erhalten, wird es mit der Gefahr der Vernichtung konfrontiert. Deshalb sind die empathischen, wertschätzenden und anerkennenden Auge-zu-Auge-Antworten der anderen so essenzielle emotionale Nahrungen – ohne sie können wir nicht sein« (S. 117).

Der »nicht-spiegelnde«, »tote«, »versteinernde« Blick der Pflegeperson löst somit massive frühe Scham im Kleinkind aus, die als »Urscham« (Wurmser 1990) oder »existenzielle Scham« (Ayers 2003), »Kern-Wertlosigkeit« (Morrison 1989) oder »Daseinsscham« erfahren wird. Das Wechselspiel von Anerkennung und Ablehnung wird nach moderner psychoanalytischer Ansicht im Schamaffekt deutlich. Die Bedeutung der Qualität des Blicks ist dabei entscheidend dafür, ob es zu einem Bruch in der Beziehung zwischen dem Selbst und dem Anderen kommt. Nach Martin Altmeyer (2000) ist der Blick der Mutter das intersubjektive Medium, in dem das Selbst auftaucht, weil dieser dem Säugling zeigt, was die Mutter in ihm sieht. Der spiegelnde Blick des anderen, der das Schamgefühl auslöst, verweist auf die Nähe zum Narzissmus, den Altmeyer als eine im Spiegel des Objekts entstehende Selbstbeziehung versteht.

Die Geburtsstunde des Narzissmus ist somit der Blick der Mutter; ihr Gesicht ist der Spiegel, in dem sich das Kind erblickt. Aber nicht nur der mütterliche Blick, auch der Blick des Vaters spielt eine größere Rolle, als dies anfänglich von psychoanalytischen Autoren angenommen wurde. Der Vater tritt nicht – wie dies in der älteren psychoanalytischen Literatur vermutet wurde – mit dem Vollenden des dritten Lebensjahres auf einmal deutlich in das Leben des Kleinkindes, sondern ist, im günstigen Fall, »im Blick der Mutter« schon latent vorhanden. Einmal davon abgesehen, dass heute Väter eher »ins Leben« ihrer Säuglinge treten als vor hundert Jahren.

Der Definition der Scham als »Unterseite des Narzissmus« (Morrison 1989), als »narzisstischer Affekt par excellence« (Wurmser 1990) folgend, besteht meines Erachtens gerade der Zusammenhang zwischen Scham und Narzissmus darin, dass hier ein Gefühl von früher Anerkennung ausbleibt, was subjektiv als Scham empfunden wird.

Da Scham als eine Reaktion auf einen »entwertenden« und »entblößenden« Blick auftreten kann, hat der Betroffene den Eindruck, von diesem Blick »durchbohrt« oder »penetriert« zu werden, er »schämt sich bis auf die Knochen«. Diese Ausdrücke deuten schon auf die Verletzung der anatomischen Grenze und »Schranke« der Haut hin. »Die Metapher vom Blick, der den Körper durchbohrt«, schreibt Serge Tisseron (2000), »gibt einem wesentlichen Merkmal der Scham fassbare Gestalt, nämlich einem psychischen Raum, der verderbt und vor dem Eindringen fremder Blicke nicht zu bewahren ist« (S. 59).

Viele Patientinnen und Patienten, die heutzutage in die psychotherapeutische Behandlung kommen, leiden unter leichten bis ausgeprägten narzisstischen Störungen und fragen ihren Therapeuten implizit: »Wie sehe ich aus? Nach wem oder was sehe ich aus? Gefällt Ihnen die Art und Weise, wie ich aussehe?« Obwohl das Auftauchen eines solchen Wunsches nach Anerkennung und Gesehenwerden in der klinischen Praxis extrem häufig ist, wurde doch kaum in der Literatur über die Rolle des Schauens und Angeschautwerdens reflektiert oder darüber, wie Patienten über ihr eigenes Aussehen denken und sprechen und wie sie es fühlen. Freud hat bekanntlich eher eine »Redekur« als eine »Angeschaut-werden-Kur« konzipiert.

Dieses Thema des Aussehens der Patienten zu erforschen und zu analysieren ist eine der schwierigsten und schmerzhaftesten Aufgaben für Therapeutinnen und Therapeuten. Es ruft alle möglichen Fantasien und Erinnerungen wach, die in der Regel mit Scham, Beschämung und Demütigung zu tun haben, manchmal auch mit sexuellem Missbrauch. Wie auch im narzisstischen Selbsterleben, fühlt man sich in der Scham von einem imaginären Beobachter angeschaut, nur dass dessen exzentrischer Blick nicht wohlwollend, liebevoll oder anerkennend auf dem Selbst ruht, sondern Kritik, Missbilligung oder gar Verachtung signalisiert.

Die Regulierung von Nähe und Distanz im zwischenmenschlichen Kontakt beinhaltet ein ständiges Sich-Zeigen und Sich-Verbergen. In Beziehungen und Begegnungen kommt diesem Prozess der »gegenseitigen dosierten Selbstoffenbarung« eine wichtige Funktion zu. Die damit verbundene »Intimitätsschwelle« ist auch die »Schamschwelle«. Scham ist also in diesem Grenzbereich zwischen Ich und Du angesiedelt und trägt damit entscheidend zur Regulierung zwischenmenschlicher Nähe und Distanz bei. Es ist der »intime Raum«, der durch die Scham als Schutzhaltung bewahrt werden soll. Die Scham als Wärterin der Integrität des Selbst ist zusammengefasst doppelgesichtig: zum einen auf die Selbstregulation bezogen, zum anderen auf die Beziehungsregulation, was ihren besonderen Stellenwert im Kontext der sozialen Beziehungen begründet.

Da Scham als eine Erfahrung im intersubjektiven Kontext zu konzipieren ist, stellt die gegebene Definition der Scham nicht einen intrapsychischen Konflikt, sondern das Erleben von fehlender Anerkennung, die Erfahrung von Zurückweisung, Missachtung und im schlimmsten Falle die Gefühle des Verworfenseins und Ausgestoßenwerdens in den Mittelpunkt. Das Bedürfnis nach intersubjektiver Anerkennung wird durch den Schamaffekt grundlegend frustriert, was sich auf das gesamte Individuum bezieht. Der Raum, der das Selbst vorher durch den Wunsch nach Anerkennung mit dem Anderen verbunden hat, bricht im Schamerleben augenblicklich zusammen; Scham wirft ein »Flutlicht« auf das Individuum (Lynd 1958). Scham und die aus ihr meist resultierende Selbstverachtung sind als Gefühle zu verstehen, die durch den Bruch in einer Beziehung, einem »schamausgelösten Riss in meinem Universum« (Schore 1994, S. 208), nämlich der Anerkennungsbeziehung zum Anderen, gekennzeichnet sind.

Scham als »psychosoziale Katastrophe«

Scham ist in der modernen Sozialtheorie (Tangney/Dearing 2002) jener Affekt, der die Bedrohung der sozialen Bande und der Integrität des Selbst anzeigt. Das Selbst wird hier als ein *Selbst vor anderen* definiert. Das Gefühl des Selbst bleibt somit immer durch das Risiko der Auflösung bedroht, wenn das Individuum durch wichtige Bezugspersonen oder später durch die Gemeinschaft zurückgewiesen wird. Mit jedem Schamerlebnis geht im Hintergrund das Risiko einher, aus der Gemeinschaft ausgeschlossen zu werden. Ausgeschlossensein ist in dem Sinne eine »psychosoziale Katastrophe«.

Der Neurobiologe und Psychotherapeut Joachim Bauer (2011) zitiert Ergebnisse, wonach die Schmerzzentren des Gehirns reagieren, wenn Menschen sozial ausgegrenzt oder gedemütigt werden – »aus Sicht des Gehirns« wird dies genauso wahrgenommen wie körperlicher Schmerz. Diese Erkenntnisse bedeuten deshalb einen Durchbruch im Verständnis der menschlichen Aggression, weil auf neurobiologischer Ebene die Verbindung zwischen sozialer Demütigung – also Schamerfahrungen – und einer Gewaltbereitschaft hergestellt werden kann. Bauer (2011) resümiert diese neurobiologische Neudefinition der »Schmerzgrenze«, die er mit den neueren Studien aus der Sozialforschung verbindet: »Fehlende Zugehörigkeit zu einer Gruppe und Zurückweisung durch andere Menschen sind die stärksten und wichtigsten Aggressionsauslöser« (S. 60).

In ähnlicher Weise schreibt Louis J. Cozolino (2007): »Scham ist im Grunde die viszerale Erfahrung, von sozialer Verbundenheit ferngehalten und ausgeschlossen zu werden. Sozial ausgeschlossen zu werden ist schmerzhaft, und hierbei werden sogar die gleichen Regionen in unserem Gehirn stimuliert, die aktiv werden, wenn wir körperliche Schmerzen erfahren« (S. 292). Die Macht der Scham kommt aus der Erfahrung, dass die Abstimmung mit der Bezugsperson lebenserhaltend ist.

Aus evolutionspsychologischer Sicht ist die Tatsache, dass das Gehirn körperlichen und psychischen Schmerz bei sozialer Demütigung in ähnlicher Weise wahrnimmt, aus unserer Vorgeschichte heraus zu erklären. Aufgrund der zutiefst sozialen Verfasstheit des Menschen bedeutete der Ausschluss aus der Gruppe der Artgenossen über Millionen von Jahren das Todesurteil. Daher ist auch unser Gehirn auf sozialen Zusammenhalt geeicht (»social brain«) und gut sozial vernetzte Menschen hatten während der Evolution unserer Spezies eine deutlich höhere Lebenserwartung.

Wenn es zu einer Psychopathologie und zu einem Ausfall des Schamgefühls kommt, besteht immer die Gefahr der Hybris und Schamlosigkeit. Dies ist der Grund, weshalb der Scham immer wieder eine so wichtige, für die Sozialisation und das gesellschaftliche Zusammenleben zentrale Position eingeräumt wird. Die Scham ist zusammen mit der Schuld *die* Emotion, die mit dem Niederschlag von verinnerlichten Normen und Standards in Verbindung steht. Beim Ausfall der Scham und folgender Hybris droht das Individuum in asozialer Weise aus der Gemeinschaft herauszufallen oder sich über andere verachtend zu erheben.

Serge Tisseron (2000) begreift daher die Scham als »sozialen Affekt«, in dessen Zentrum die Angst steht, ausgeschlossen zu werden. Dies deutet darauf hin, dass Scham etwas mit *sozialer Integration* beziehungsweise *Desintegration* zu tun hat. Martin Altmeyer (2008) weist darauf hin, dass nicht von ungefähr der Pranger, an den man einen Missetäter einst stellte, ein Ort nicht nur der persönlichen Beschämung, sondern auch der sozialen Ächtung war. Der Verstoß gegen die Gemeinschaftsregeln sollte hier sichtbar gemacht und allen vorgeführt werden.

Die Angst vor Stigmatisierung und Beschämung kann so stark werden, dass sie jegliches Vertrauen zu anderen Menschen ausschließt. Tiefe Vereinsamung, Rückzug und Abkapselung sind die Folge. Scham und schamhafter Rückzug können daher auch prodromale Vorboten von schweren psychischen Störungen sein. Ebenso spielen bei Menschen, die unter übermäßiger Scham leiden, Verlustängste eine zentrale Rolle. Wer davon überzeugt ist, dass er im Grunde wertlos und nicht liebenswert ist, dem erscheint es naheliegend, verlassen zu werden. Sie stellt eine Erfahrung dar, die nicht ohne die gezeigte Verachtung oder fehlende Anerkennung der anderen existiert, die meist sogar in deren Gegenwart gemacht wird. Es herrscht in der Schamerfahrung eine starke Trennung zwischen einem Selbst und den anderen vor – die anderen stehen als Zuschauer zu uns in Beziehung, und es ist wichtig, ob wir sie als ablehnend oder zustimmend erleben. Aus dieser Sicht ist Scham – und in gewissem Maße auch Schuld – ein Affekt, der notwendig ist, um die Bindung zum anderen zu erhalten, und nicht so sehr, um Triebe zu kontrollieren, wie Freud (1905) postuliert hat.

Temporärer Rückzug im Dienste der Beziehungserhaltung

Ebenso wie Schuld gehört Scham zu den Affekten aus dem Bereich der Selbstwertregulierung. Für beide Affekte ist typisch, dass diese auch als vom Objektbereich ausgehend dekodiert werden können, als *Beschuldigung* oder *Beschämung*. In diesem Fall wird das Objekt selbstreferenziell zur Evaluation benutzt. In der These von Ulrich Moser und Ilka von Zeppelin (1996) stellt der *temporäre Rückzug* die hauptsächliche Motivation der Scham dar – dieser dient einer Reorganisation des Selbst, während die Beziehung aufrechterhalten werden soll.

Dieser intersubjektive Beziehungsaspekt der Scham wird von Gershen Kaufman (1989) in ähnlicher Weise beschrieben:

> »Auf dem Höhepunkt des Schamerlebens gibt es eine ambivalente Sehnsucht nach einer Versöhnung mit dem – wer es auch war , der uns in die Scham führte. Wir fühlen uns getrennt und verlangen insgeheim danach, uns heil zu fühlen, ganz. Das Erleben von Scham fühlt sich wie ein Bruch entweder im Selbst, in einer bestimmten Beziehung oder in beidem an. Scham ist ein affektives Erleben, das beides verletzt, zwischenmenschliches Vertrauen und innere Sicherheit« (S. 19, eigene Übersetzung).

Er beschreibt die Scham damit als einen hochambivalenten Affekt, bei dem der andere sowohl gewünscht ist als auch gehasst wird. Dieser Verlust der »interpersonalen Brücke« bezeichnet dabei die ursprüngliche Quelle des Schmerzes. Die »Sehnsucht nach einer Versöhnung« stellt somit das Bedürfnis nach Anerkennung dar; nach einer Wiederherstellung des Raumes, den die Scham momentan zerstört hat.

Dem Affektforscher Rainer Krause (1993) zufolge sind Affekte, nach innen betrachtet, Wünsche an das Objekt. Nach außen vermitteln sich diese Wünsche durch ein »umschriebenes Zeichen an den Sozialpartner, das von Geburt an verstanden und reproduziert werden kann« (S. 190). Subjektiv kommt es somit bei der Scham zu einer doppelten Erfahrung: einmal aus der Sicht des Objekts und zum anderen aus der Sicht des erfahrenden Subjekts. Daher zählt Scham – zusammen mit Stolz, Schuld und Neid – zu den *strukturellen* Affekten. Diese setzen verinnerlichte Strukturen voraus, obwohl die Fähigkeit zum Fühlen dieser Affekte angeboren ist. Die Reaktion auf Scham besteht immer darin, die Systemgrenzen aufrechterhalten zu wollen. Zentral ist dabei, dass trotz Akzentuierung der Grenzen zwischen Selbst und Nicht-Selbst die Beziehung zum entwertenden Objekt aufrechterhalten werden muss. Wenn es sich um bedeutsame andere handelt, die man selbst schätzt, muss die Liebes- und Anerkennungsbeziehung um jeden Preis erhalten bleiben. Vor Objekten, die man verachtet, muss man sich nicht schämen. Kurz gesagt, ist Scham die Erfahrung einer negativen Bewertung des Selbst, die stellvertretend durch das Selbst anstatt durch das Objekt vorgenommen wird.

Im Gegensatz zu Gefühlen wie Hass, Zorn, Schuld oder Freude empfindet sich das Individuum im Schamerleben in seiner ganzen Psyche desorganisiert. In existenzieller Weise fühlt es sich nicht anerkannt vom anderen oder der Gruppe. Der Fokus beim sich schämenden Menschen liegt einerseits im Verbergen vor dem anderen, andererseits besteht eine starke Sehnsucht nach Wiederherstellung der sozialen Bindung, die ihm abhandengekommen ist. Der andere nimmt in der Scham somit eine doppelte Funktion ein: Er kann die Desorganisation beschleunigen, aber auch eine Hilfe zur Resozialisation sein. Louis J. Cozolino (2007) schreibt: »Man kann etwas unternehmen, um Schuldgefühle zu lindern, Scham bietet jedoch nicht die Möglichkeit, sich davon zu befreien. Im Grunde handelt es sich bei Scham um die emotionale Reaktion auf den Verlust der Abstimmung mit der Bezugsperson.

Die Rückkehr aus einem Zustand der Scham zu einem neuerlichen Abgestimmtsein mit den Eltern bedeutet die Rückkehr zu einem Gleichgewicht des Funktionierens des autonomen Nervensystems« (S. 293).

In der Scham wird eine paradoxe Verbindung sichtbar: Einerseits tritt Scham intensiv am wahrscheinlichsten im Kontext bedeutsamer Beziehungen auf, andererseits werden durch die Scham dieser zwischenmenschliche Kontakt und die intersubjektive Verbindung zeitweise zerstört oder stark behindert. Die Scham als intersubjektiver Affekt kann somit als Angst vor dem »Fallen-gelassen-Werden«, das die Gemeinschaft mit einem Ausschluss bewirken könnte, oder als »Angst, ausgeschlossen zu werden« (Tisseron 2000, S. 34), bezeichnet werden.

Auf den ersten Blick scheint Scham nur negative Konsequenzen für ein Individuum zu haben. Die evolutionär-biologische Funktion von Scham scheint eher darin zu liegen, dass sie einen Überlebenswert für ein Individuum haben kann: Sie sensibilisiert das soziale Individuum für die Meinungen und Empfindungen anderer und wirkt somit als Antriebskraft für soziale Kohäsion. In der psychoanalytischen Literatur werden diese positiven Aspekte der Scham oft übersehen.

Serge Tisseron ist einer der wenigen Psychoanalytiker, die Scham als ein primär *inter*subjektives Gefühl konzipieren und nicht als einen primär *intra*subjektiven Affekt, der sich zwar sozial äußert, seinem Wesen nach aber durch einen intrapsychischen Konflikt ausgelöst wird. Die Scham ist für Tisseron (2000) »stets auf einen Dritten bezogen, vor dem man sich schämt: Die Scham ist ihrem Wesen nach ein *soziales Gefühl*« (S. 11). Dieser Aspekt hat grundlegend mit sozialer Integration beziehungsweise Desintegration zu tun. Der relationale Analytiker Stephen A. Mitchell (2004) vertritt eine ähnliche Position, indem er Scham als einen sozialen Affekt begreift, der durch einen beschämenden Anderen entstanden ist. »Scham ist ein Relikt einer interpersonalen Situation der Beschämung und Demütigung. Man schämt sich, wenn man beschämt worden ist. Die Scham wird unvermeidlich auf neue interpersonale Situationen übertragen, wodurch entweder Gelegenheiten zu wachsen oder Gefühle der Einengung und dadurch weitere Schamgefühle entstehen« (S. 226).

Zusammenfassend lässt sich sagen, dass an der Tendenz, »unsichtbar zu werden«, gut die doppelte Natur der Schamabwehr erkennbar ist: Sie kann einerseits aufgefasst werden als Ausdruck des Wunsches, sich zu verstecken, und zwar gekennzeichnet durch den Hauptabwehrmechanismus gegen Scham, das *Verbergen*. Andererseits ist dieses ein Auslöser für weitere Scham, da der Eindruck, unsichtbar und damit unwichtig zu sein, eine neuerliche Quelle der Scham darstellen kann. Scham ist, wie Helen M. Lynd (1958, S. 31) schreibt, »nicht nur das Resultat, vor jemand anderem bloßgestellt zu werden, sondern Teile von sich selber preiszugeben, die man noch nicht anerkannt hat«. Vor allem ist Scham ein Signal, das anzeigt, dass das Selbst verletzt zu werden droht.

Die Scham hat aber auch eine Tendenz, sich zu zeigen. Diese wird am deutlichsten im Erröten sichtbar. Hier wird die Polarität der Scham weiterhin deutlich: der Wunsch, sich zu verstecken (»Ich möchte am liebsten verschwinden!«), und die gegenteilige Tendenz, die Aufmerksamkeit auf sich zu ziehen (»Hier bin ich!«).

»Interaffektivität« und »mentalisierte Affektivität«

Für die Psychotherapie von erwachsenen Patienten ist die Erkenntnis der »intersubjektiven Bezogenheit« wesentlich, da diese impliziert, dass der Patient die Vorstellung von einem Inneren erst in einem intersubjektiven Prozess entwickelt hat. Auch eine Intimität mit sich selbst wird erst durch diesen intersubjektiven Prozess möglich.

Die von Daniel N. Stern (1992, S. 190) als »Interaffektivität« beschriebene Fähigkeit ist vielleicht die erste, einflussreichste und in ihrer Unmittelbarkeit wichtigste Form gemeinsamen subjektiven Erlebens. Das bedeutet entwicklungsgeschichtlich, dass im Leben des Säuglings eine Verschiebung von der reinen *Interaktion* zur *Beziehung* stattfindet. Die Eltern und das Kind kommunizieren dabei nicht nur Affekte, sondern zunehmend auch *über* Affekte. Damit beginnt Stern (1992, S. 181) zufolge die psychische Intersubjektivität als »wechselseitiges Sich-Anvertrauen des subjektiven Erlebens« (»mutual joining of inner experiences«) und der Fokus verschiebt sich von der Regulierung hin zur (Mit-)Teilung innerer Zustände.

Die Psychoanalyse als eine »Wissenschaft des Intersubjektiven« (Stolorow et al. 1983, S. 177) zu konzeptualisieren hat zur Folge, die Patient-Therapeut-Dyade – analog zur Mutter-Kind-Dyade – als eine »Überschneidung zweier Subjektivitäten« zu begreifen, in der die »Affektabstimmung« (»affect attunement«) und die »Interaffektivität« wesentliche Komponenten der Kommunikation darstellen. Das bedeutet, dass dieses »emotionale« oder »relationale« Unbewusste lediglich sensomotorisch, also nicht verbal, präsent sein kann. Dies entspricht der generellen postmodernen Tendenz, das Freud'sche dynamische Unbewusste zu entdämonisieren und es durch ein abgestuftes Kontinuum unterschiedlicher Grade der Bewusstheit zu ersetzen.

Es ist ein Unbewusstes, das von Szenen mit anderen durchzogen zu sein scheint, ein relationales, *von Affekten durchzogenes Unbewusstes*, »dessen Ursprungsort die Psychoanalyse nicht länger in den dunklen Tiefen des Trieblebens zu suchen hätte, sondern an der emotionalen ›Oberfläche‹ zwischenmenschlicher Beziehungen, die in die Seele eingewandert sind« (Altmeyer 2008, S. 304). In gemeinsamen Enactments, »Momenten der Begegnung« oder »Now Moments« (Stern et al. 2002) – und nicht durch symbolvermittelnde Interpretation –, wird dieses implizite Beziehungswissen bewusst wahrnehmbar.

Die modernen Konzepte der Theorie zur intersubjektiven Genese des Selbst (Stern 1992) und das intersubjektive Mentalisierungskonzept (Fonagy et al. 2004; Fonagy/Target 2008) gehen übereinstimmend von einer primären sozialen Verfasstheit des Säuglings bzw. des Kindes aus. Dabei betonen beide Konzepte die Rolle der Affekte, die sich in der Interaktion zwischen Bezugspersonen und Kind ausdrücken. Diese Prämisse untermauert auch die neuesten Erkenntnisse der neurobiologischen Affektforschung (Schore 2007, 2012). Sie stützt die Hypothese, dass menschliche Gefühle im impliziten Gedächtnis durch bildhafte Szenen metarepräsentiert sind, die auf frühesten Interaktionserfahrungen beruhen, an angeborenen Affekten gewissermaßen andocken und diesen erst ihre symbolische Dimension verleihen. Die neurobiologische Emotionsforschung, die unbewusste, visuelle »Szenen« hinter den Affekten vermutet (Damasio 2004), und die Intersubjektivität der Spiegelneuronen (Bauer 2005) tragen zusätzlich zu einer veränderten Sicht der

Affekte – und speziell des Schamaffekts – bei. Diese Arbeiten aus unterschiedlichen Denkrichtungen modernisieren unter dem Paradigma der Intersubjektivität die Affekttheorie der Psychoanalyse.

Die derzeit anspruchsvollste psychoanalytische Konzeption, die im Rahmen des Mentalisierungsprojekts der Londoner Forschergruppe um Peter Fonagy (Fonagy et al. 2004; Fonagy/Target 2008) postuliert wurde, untersucht die Entstehung und Funktionsweisen psychischer Strukturen auf der Basis von Bindungserfahrungen und -traumatisierungen. Diese Theorie der Mentalisierung verbindet Befunde aus Säuglings-, Bindungs- und der Theory-of-Mind-Forschung mit der psychoanalytischen Theorie. »Mentalisierung« meint hier die Fähigkeit, andere und sich selbst als Wesen mit geistigen und emotionalen Zuständen zu begreifen. Mentalisierung ist eine Fähigkeit, die es erlaubt, den Geist eines anderen Menschen zu interpretieren, was im Gegenzug die Fähigkeit vorantreibt, seine eigenen mentalen Zustände lesen zu lernen.

Die Fähigkeit zur Mentalisierung entwickelt sich in Abhängigkeit von der Qualität der frühen Eltern-Kind-Bindung. Wenn eine frühe gelungene, intersubjektive Affektregulierung insbesondere zwischen Mutter und Kind durch angemessene Spiegelung stattgefunden hat, ist dies die wesentliche Voraussetzung dafür, dass sich die Fähigkeit zur Mentalisierung entwickelt. Für die Bildung stabiler und ambivalenztoleranter innerer Objektbeziehungen – so die Ergebnisse dieser Forscher – spielen die frühen affektiven Abstimmungsprozesse und die damit zusammenhängende Bindungsqualität zwischen Kind und Mutter eine wesentliche Rolle. Affektregulierung stellt damit auch die Grundlage der Mentalisierung dar, aber Mentalisierung fördert daraufhin auch eine neue, differenziertere Art von Affekten und Selbstregulation, etwa die »mentalisierte Affektivität« (Jurist 2008).

Ein grundlegendes, die Intersubjektivitätstheorien bestätigendes Ergebnis ist folgendes: Die Affektspiegelung hat sowohl entwicklungspsychologisch als auch klinisch eine äußerst wichtige Bedeutung inne. Ganz allgemein schaffen Affekte Verbindungen zwischen Selbst und Anderen, Innen und Außen, zwischen Subjekt und Objekt. Dabei dienen Affekte einerseits der Beziehungsregulierung, aber Beziehungen werden auch zur Affektregulierung benötigt. Diese Erkenntnisse aus der entwicklungspsychologischen Grundlagenforschung auf die psychotherapeutische Situation zu übertragen hieße, die affektive Seite der analytischen und psychotherapeutischen Beziehung und die gegenseitige Beziehungsgestaltung stärker in den Fokus zu nehmen.

Die meisten Kliniker nehmen an, dass es entscheidend ist, die eigenen Gefühle auf eine emotional (nicht intellektuell) bedeutsame Weise erleben und verstehen zu lernen. Häufig fühlen wir auch mehr als nur eine Emotion, sogar widersprüchliche Emotionen gleichzeitig. Mentalisierte Affektivität nach Fonagy und Kollegen ermöglicht es uns, die Erfahrung von Affekten als verwirrend, komplex und fließend zu konzeptualisieren. In der Tat gibt es häufig Affekte hinter den Affekten: Wir glauben, dass wir eine Sache fühlen, während wir tatsächlich etwas anderes fühlen, oder eine Kombination von Gefühlen.

Das Konzept der mentalisierten Affektivität rückt die unterschiedlichen Elemente der Affektivität in den Fokus: Identifizierung, Verarbeitung und Ausdruck von Affekten. Von klinischem Interesse ist besonders der innere Ausdruck einer Emotion, da es entscheidend für die psychische Gesundheit ist, zu wissen und zu erleben, was man fühlt – abgesehen davon, ob man diese Gefühle ausdrückt oder nicht. Im weitesten Verständnis versucht mentalisierte Affektivität aus der Komplexität der affektiven Erfahrung »Sinn« zu generieren und dem Selbst zu ermöglichen, sich besser zu entfalten. Die meisten Psychoanalytiker würden zustimmen, dass eine veränderte Beziehung zum Selbst in der Behandlung angestrebt werden sollte. »Letztlich ist mentalisierte Affektivität sowohl ein konkreter Weg, um Erfolg in der Behandlung zu messen, wie auch ein Ideal«, schreibt der Mentalisierungsforscher Elliot L. Jurist (2008, S. 108).

Psychische Störungen kann man sowohl als Störungen der Affektivität als auch von Beziehungen beschreiben. Die Affektstörungen haben dabei Auswirkungen auf die direkte Interaktionsregulierung in der Dyade. So gesehen stellt die Chronifizierung eines Affektes per definitionem eine Psychopathologie dar, die sich auf die Beziehungsgestaltung auswirkt. Kurz, wenn ein Affekt chronisch vorhanden oder chronisch nicht vorhanden ist, stellt dies eine Pathologie der Affekte dar. Somit ist auch das gänzliche Fehlen eines Affektes für die Steuerungen von Beziehungen von Bedeutung.

Die Studien von Daniel N. Stern (1992), Beatrice Beebe und Frank M. Lachmann (2002) und etlicher anderer Säuglingsforscher postulieren, dass Affekte als Organisatoren des Selbsterlebens während der ganzen Entwicklung aufgefasst werden können, sofern sie auf das erforderliche Wohlwollen, die Akzeptanz, Differenzierung, Synthese und »haltende« Reaktion durch die Sorgeperson treffen. Falls diese stetigen, empathischen Reaktionen auf die affektiven Zustände des Kindes fehlen, kommt es zu winzigen, aber *bedeutungsvollen Entgleisungen* optimaler Affektintegration. Im erwachsenen Patienten kann dies an der Tendenz beobachtet werden, affektive Reaktionen aufzuspalten oder zu leugnen, weil diese, wenn sie bewusst werden würden, zu ängstigend und beschämend wären.

Affekte funktionieren häufig wie Stimmgabeln mit ähnlicher Frequenz, die eine Resonanz in der anderen findet. Die »Spiegelneuronen« können nach neuester neurobiologischer Erkenntnis als die physiologische Grundlage der Resonanz betrachtet werden (Bauer 2005). Diese Spiegelsysteme sind die neurobiologische Grundlage unserer Fähigkeit, spontan zu erkennen, was in einem anderen Menschen vorgeht. Auf emotionaler Ebene versetzen sie uns in die Lage, in uns Zustände zu erzeugen, die wir bei einer anderen Person wahrnehmen. Der Scham kommt meines Erachtens deshalb eine so bedeutsame Rolle zu, weil dieser Affekt wie kaum ein anderer den intersubjektiven Kontext im Sinne einer »Interaffektivität« (Stern 1992), einer Affektivität *zwischen* zwei Individuen betrifft.

Diese Gefühlsebene ist in einem sehr grundlegenden Maß durch eine gewisse Grenzenlosigkeit gekennzeichnet. Bei starken emotionalen Erlebnissen wird nicht unabhängig voneinander registriert, was *man* fühlt und was *der andere* fühlt, sondern vielmehr das Gefühl einer Einheit, die man in ihrer Gesamtheit als eine Selbsterfahrung erlebt. Nach heutigem Verständnis der Spiegelneuronen-Theorie ist der Moment der Grenzverwischung zwischen mir und anderen konstitutionell, um sich in die Handlungen und Gefühle anderer hineinversetzen und dies körperlich-emotional nachvollziehen zu können, eine uns Menschen angeborene Fähigkeit (Bauer 2005). Das emotionale

Erleben stellt daher ein Zwei-Personen-Ereignis von hohem Komplexitäts- und Differenzierungsgrad dar, das auch nur durch eine Zwei-Personen-Psychologie erfasst werden kann. Diese Zwei-Personen-Perspektive beinhaltet, dass Menschen am besten zu verstehen sind, wenn man sie nicht isoliert betrachtet, sondern im Rahmen ihrer Beziehungen zu anderen, im »intersubjektiven Feld«.

Therapeutisch impliziert eine solche Sicht auch, dass Emotionen nicht als Teil des mentalen Prozesses isolierter Subjekte angesehen werden. Sie sind keine abgegrenzten seelischen Zustände, sie beziehen sich stets auf etwas – auf andere Menschen oder Dinge. Von Anbeginn des Lebens, so lehrt uns die Säuglingsforschung, erfüllen Affekte eine kommunikative Funktion; sie stehen quasi »zwischen« zwei oder mehreren Menschen und sind nicht nur in der Tiefe der eigenen Subjektivität zu finden. Die Scham ist ein Interaktionsgefühl par excellence, ein Gefühl, das aus der Wechselwirkung und Korrelation zwischen Menschen entsteht und sich in ihr konstituiert. Die Scham steht als Affekt an der Grenze von Innen und Außen, Selbst und Anderem.

Scham findet in der psychotherapeutischen Situation an der »intimen Grenze« (Ehrenberg 1992) zwischen beiden Beteiligten statt. Durch das Nicht-Erkennen dieser interaktiven Schamdynamik kann es zu unbewussten Kollusionen zwischen Patient und Therapeut kommen. Die analytische und psychodynamische Arbeit im »Übergangsraum« (Winnicott 1971), an der »intimen Grenze« (Ehrenberg 1992), im Raum der »Begegnung« (Daser 2005), im Bereich des »Zwischen« (Altmeyer 2003) lässt auch dem Schamaffekt einen potenziellen Raum zuteilwerden, da dieser ein intersubjektiver Affekt ist – charakterisiert durch sein »ansteckendes« Wesen. Wo Scham anzutreffen ist, existiert immer auch ein Beschämender (real anwesend oder verinnerlicht). Auf die Frage, ob man sich überhaupt losgelost von einem sozialen, interpersonellen Kontext schämen kann, ist zu antworten, dass dies möglich ist, weil das Schamgefühl in sich über eine intersubjektive Textur verfügt. Auch im tiefsten Inneren unserer Seele schämen wir uns stets vor einem anderen. Das Sich-vor-sich-selbst-Schämen kann man aus dieser Perspektive als eine Art Nachbildung des Sich-vor-anderen-Schämens begreifen.

Affektregulierung, Trauma und Schamüberflutung

Das Konzept der Affektregulierung ist in den letzten Jahren zu einem Thema herangewachsen, das das Potenzial hat, unterschiedliche Forschungsrichtungen wie die Bindungstheorie, Säuglingsforschung, Emotionspsychologie, Neurowissenschaft und Psychoanalyse zu verbinden. Der Grundgedanke ist dabei, dass die Affektregulierung angeboren ist, sie aber bestimmte Bedingungen (sichere Bindungserfahrungen, angemessene bzw. kontingente Affektspiegelung) benötigt, um sich ausbilden zu können. Dabei hängt unsere Fähigkeit, uns in uns selbst wohlzufühlen, uns auf andere Menschen einzulassen, Intimität zu erleben und mit den Belastungen des Alltagslebens fertig zu werden, von einer gelungenen Affektregulierung ab. Die Regulation ist wiederum auf das Engste mit der Mentalisierung verbunden – »nur wenn Gefühle innerhalb handhabbarer Grenzen gehalten werden, kann man beginnen, über sie zu reflektieren« (Holmes 2012, S. 50).

Eine affektzentrierte Vision der Psychoanalyse, wie sie beispielsweise von Spezzano (1993), Mitchell (2003), Orange (2004), Bromberg (2006) und Jaenicke (2011) vertreten wird, stellt dabei eine Alternative zu den klassischen Fokussierungen der Psychoanalyse dar. In diesem Verständnis beruht therapeutischer Erfolg und Veränderung in psychotherapeutischen und analytischen Behandlungen auf der Verbesserung der Fähigkeit zur Affektregulierung. Der psychotherapeutische Prozess ist diesen Autorinnen und Autoren zufolge eine intersubjektive Erforschung und Regulierung von Affekten in der therapeutischen Beziehung.

Affektregulationsstörungen stellen aus heutiger neurowissenschaftlicher und bindungstheoretischer Sicht (Schore 2007; Fonagy et al. 2004) einen entscheidenden Teil jeder psychischen Störung dar. Es handelt sich dabei nicht um qualitative, sondern um quantitative Unterschiede, wenn zwischen neurotischen und schweren Störungen differenziert wird. In der neurotischen Selbstunsicherheit werden Bedürfnisse, Wünsche und negative Affekte zurückgehalten, unterdrückt und abgewehrt. In dieser Hinsicht stellt das neurotische Verhalten ein Anpassungsmuster durch *Übersteuerung* dar; die Bedürfnisse und Affekte werden verdrängt, weil sonst eine konflikthafte Auseinandersetzung resultiert, die von diesen neurotischen Menschen befürchtet wird. Unter einem strukturdiagnostischen Blickwinkel liegt bei schweren Persönlichkeitsstörungen der Akzent nicht primär auf der Übersteuerung, sondern auf der *eingeschränkten Verfügbarkeit* jener Funktionen, die zur Regulation des Selbst und seiner Beziehungen erforderlich sind (Rudolf 2004, 2010).

Zu dieser Affektregulationsstörung, die bei schweren Persönlichkeitsstörungen auftritt, gehören selbstzerstörerisches Verhalten, Essstörungen, chronische Suizidalität, Dissoziation, Sucht und mangelhafte Affektsymbolisierung und -differenzierung.

In der Affektregulationstheorie Philip M. Brombergs (2006, 2011) und Allan N. Schores (1994, 2007, 2012), dem »amerikanischen Bowlby«, wie er auch genannt wird, steht die psychotherapeutische Arbeit am unbewussten Affekt und seine Regulation ebenfalls im Zentrum. Die Regulierung von Affekten, also die Fähigkeit, Affekte oder Emotionen zu erfahren, zu benennen und angemessen auszudrücken, hängt untrennbar mit der Regulierung des Selbst zusammen.

Affektdysregulation, so zeigt das Gesamt der klinischen und experimentellen Beweise, ist ein fundamentaler Mechanismus aller psychischen Störungen, und alle Psychotherapien sind dahingehend ähnlich, dass sie im besten Fall eine Verbesserung der Affektregulation anstreben. In diesem Verständnis kann Psychotherapie als ein Medium der affektiven Entwicklung eines Erwachsenen angesehen werden. Sie dient der bewussten Reflexion affektiver Prozesse und hilft dem Patienten, seine Affektregulierung zu fördern und zu unterstützen. Letztlich dreht sich die Fähigkeit, ein Selbst zu erfahren, das »gleichzeitig flexibel und robust« ist (Bromberg 2006, S. 32), um die Themen der Affektregulierung und der affektiven Kompetenz.

Die Aufmerksamkeit des Klinikers gilt der Erkennung und Identifikation von Affekten, die während der Entwicklung weder interaktiv reguliert noch intern repräsentiert und mentalisiert waren. Dabei geht es um die Bedeutung der therapeutischen Einfühlung als eines wesentlichen Mechanismus der psychotherapeutischen Behandlung. Die Fähigkeit, Affektzustände zu modulieren, hängt eng mit der Fähigkeit zur Mentalisierung und diese mit den frühen Bindungserfahrungen zusammen. Bindungstheoretisch ausgedrückt, besteht das Langziel dieser Psychotherapieansätze darin, einen unsicheren Bindungsstil in einen »erworbenen« sicheren Bindungsstil (»earned secure«) umzuwandeln, in eine »erworbene Sicherheit«. Die vorherrschende Sichtweise der Bindungsforschung und Entwicklungspsychologie geht davon aus, dass sichere Bindung zur Entstehung von Mentalisierung führt und diese umgekehrt ein Merkmal sicherer Bindung ist (Holmes 2012).

Der Analytiker Philip M. Bromberg (1998, 2006, 2011) hat wichtige Schritte unternommen, um das Konzept der Dissoziation in Verbindung mit massiver Scham in psychodynamische Behandlungsmodelle zu integrieren. Auf den Untersuchungen und Erkenntnissen von Fonagy et al. (2004) und Schore (2007) aufbauend, untersucht er die Verbindung zwischen Traumatisierung, Dissoziation und überflutenden Schamaffekten. Sein Grundgedanke besagt, dass Scham einen traumatischen Angriff auf die persönliche Identität eines Menschen signalisiert und speziell bei traumatisierten Patienten typischerweise dissoziative Prozesse hervorruft, um das Selbstgefühl zu erhalten.

Wenn die Beziehungsangebote der Eltern an das Kind dagegen von Liebe, Anerkennung und Wohlwollen dominiert sind, tragen sie zur Ausbildung und zum Wachstum des Selbstvertrauens und einer gesunden Selbstliebe bei. Wenn im Gegensatz die primären Bezugspersonen entwertend, ablehnend und beschämend sind, übernimmt das sich entwickelnde Kind diese Sicht von sich selbst ins eigene Selbsterleben und denkt bzw. fühlt von sich, was andere über es gedacht haben.

All diejenigen Affektzustände, die beim Kind aufgrund von mangelnder einfühlender Resonanz der Fürsorgeperson keine Integration erfahren haben, bleiben dabei als dissoziierte Affektzustände erhalten. Es entsteht quasi ein »Labyrinth unvalidierter Emotionen«, das zu einer defizitären Affektregulierung führt. Diese Erfahrungen der »Fehlabstimmung« (»misattunement«, Stern 1992) der frühen Bezugspersonen verstehen Säuglingsforscher als Schamerfahrungen. Diese »nicht reparierten« Schamerfahrungen resultieren in einer Selbsterfahrung, die durch Scham definiert wird; einem Selbst, das sehr auf die Bedürfnisse des anderen fokussiert, einem Selbst, das vorwiegend mit Schamgefühlen beschäftigt ist. Wenn solche Fehlabstimmungen unrepariert bleiben, leistet dies der Bildung eines »falschen Selbst« (Winnicott 1974) und der Scham Vorschub.

In der therapeutischen Behandlung geht es dann später um die Versprachlichung und Symbolisierung bisher nicht repräsentierbarer Affektzustände, die in der Geschichte der Patienten zu Unterbrechungen in der Intersubjektivität und damit zu »blinden Flecken« in der subjektiven Erfahrung des Kindes geführt haben. Die Erfahrung der Scham ist der machtvollste Affekt, den eine Person nur unzureichend modulieren kann. Der Patient fühlt sich nicht nur überschwemmt vom Durchleben solch traumatischer Affekte der Vergangenheit wie Wut, Angst, Trauer und Sinnlosigkeit, sondern auch von einer »dissoziierten Hier-und-jetzt-Schamerfahrung«, während er diese traumatischen Erfahrungen in der therapeutischen Beziehung (abgeschwächt) wiedererlebt.

Die Opfer von sexueller oder körperlicher Gewalt und traumatisierender Vernachlässigung sind insgesamt immer wieder starken Affektschwankungen mit einem Wechsel von Extremen der Überflutung und der Gefühllosigkeit ausgesetzt. Diese Gefühllosigkeit kann sich bis zur »emotionalen Anästhesie« steigern. Die Dissoziation kann dann als Schutzmechanismus verstanden werden, zwar anwesend, sich seiner selbst und seiner Umgebung aber nicht voll bewusst zu sein. Aggressiv oder sexuell misshandelte Kinder können häufig Depersonalisationszustände induzieren, um dadurch Demütigung, Kränkung, Hass und vor allem Scham zu bewältigen und abzuwehren. Ein Teil des Selbst, welches im Kontakt mit der traumatischen Erfahrung ist, wird in diesem Sinne abgespalten, um die funktionstüchtigen Anteile zu schützen und das Überleben zu sichern.

Verdrängung definiert nach psychoanalytischem Verständnis einen Prozess, der das Ziel hat, einen unbewussten psychischen Inhalt, der zu einem unangenehmen intrapsychischen Konflikt führen könnte, vom Bewusstsein fernzuhalten. Dissoziation ist ein grundlegend anderer Abwehrmechanismus, da hier nicht psychische *Inhalte* per se nicht anerkannt werden, sondern die Entfremdung von Aspekten des *Selbst*, die unvereinbar mit der Erfahrung von »mir selbst« zu einem bestimmten Moment ist. Dissoziation funktioniert, einfach ausgedrückt, weil ein Konflikt für die Psyche nicht *unangenehm*, sondern weil er *nicht aushaltbar* ist.

Speziell in den ersten beiden Lebensjahren haben chronische, kumulative, überwältigende und übererregende affektive Zustände – ebenso wie Dissoziation – zerstörende Auswirkungen auf das Wachstum der psychischen Struktur. »Länger anhaltende Schamzustände früh im Leben können zu einer dauerhaften Fehlregulierung des autonomen Nervensystems und einem stärkeren Gefühl der Verwundbarkeit gegenüber anderen führen«, schreibt Cozolino (2007, S. 294).

Die frühe Beziehungstraumatisierung (kumulative Mikrotraumata) oder Traumatisierung durch körperliche oder sexuelle Gewalt (Makrotraumatisierung) schlägt sich insbesondere in Defiziten der rechten Hirn-Hemisphäre nieder. »Die rechte Hemisphäre, das biologische Substrat des menschlichen Unbewussten, generiert nicht nur intensive Affektzustände, sondern auch die sich früh entwickelnde Abwehr, die mit diesen Zuständen assoziiert ist« (Schore 2007, S. 143). Dabei wird das orbitofrontale System von Neurowissenschaftlern als der »denkende Teil des emotionalen Gehirns« angesehen. Die rechte Hemisphäre erkennt dabei Emotionen im mimischen Gesichtsausdruck und ist auf »implizites Lernen« spezialisiert. Neurowissenschaftler beschreiben ein frühes emotionales Lernen, das in der rechten Hemisphäre stattfindet, ohne dass die linke Hemisphäre »davon weiß«. Nach Schore funktioniert das orbitofrontale System wie ein Mechanismus, der die Dauer, Häufigkeit und Intensität der positiven wie auch der negativen Affekte kontrolliert und autoreguliert.

Traumatisierte Patientinnen und Patienten erleben aktuelle Stressoren mit einer gefühlsmäßigen Intensität, die in die Vergangenheit gehört und in der Gegenwart wenig von Nutzen ist, da ihre eigenen Affektstürme sowie die emotionalen Reaktionen anderer als retraumatisierend erlebt werden. Folglich werden die Gefühle, die zu dem Trauma gehören, auf interpersonaler Ebene fortwährend wiedererlebt. Als Konsequenz führen diese Patienten ein traumatisierendes und traumatisiertes Leben. Das Trauma ist in den Körper und vor allem in die Struktur des Gehirns eingeschrieben. Bei traumatisierten Borderline-Patientinnen sind der Hippocampus, die Amygdala, der linke orbitale mediale Cortex und der rechte cinguläre Cortex jeweils kleiner als im Durchschnitt (van der Kolk/McFarlane 1996; Cozolino 2007).

Das Konzept der »rechtshemisphärischen interaktiven Affektregulation« (Schore 2007, 2012) besagt, dass der Behandler in der therapeutischen Behandlung mit Patienten, die ein frühes Bindungstrauma erlebt haben, seine Aufmerksamkeit auf die dysregulierten rechtshemisphärischen »primitiven Affekte« wie Ekel, Schrecken, Wut, hoffnungslose Verzweiflung – und vor allem Scham legt. Dies manifestiert sich in der therapeutischen Dyade besonders in Form von Enactments, das heißt im Sinne einer intersubjektiven unbewussten Kommunikation. Es entsteht dabei quasi eine »Konversation zwischen limbischen Systemen« (Schore 2007).

Der moderne Begriff des »Enactments« besagt, dass die frühen Beziehungsmuster in der therapeutischen Beziehung *in Szene gesetzt* werden, es zu einer »gemeinsamen Inszenierung« zwischen Patient und Therapeut kommt. Die Zurückweisung der Übertragung durch den Therapeuten – besonders der negativen Übertragung, wie sie mit einem minimalen und unbewussten angewidert-verächtlichen Gesichtsausdruck des Therapeuten begleitet wird – kann die beginnende Manifestation eines solchen Enactments sein. Aus diesem Grunde werden die Übertragungs-Gegenübertragungs-Dynamiken von reziprokem Beschämen zwischen Therapeut und Patient im Enactment unbewusst wirksam, in dem Versuch, »den Spieß umzudrehen« und traumatische Scham abzuwenden.

Die derzeitige psychoanalytische Forschung betont die Rolle dieser flüchtigen Gesichtsausdrücke, die Indikatoren für den Übertragungs- und Gegenübertragungsprozess sind. Diese Enactments werden nach übereinstimmender Meinung der modernen Psychoanalyse im Wesentlichen durch nonverbales, unbewusstes Beziehungsverhalten innerhalb der therapeutischen Dyade unwillentlich herbeigeführt.

Allan N. Schore (2012, S. 95) weist darauf hin, dass Kliniker in der Vergangenheit zu sehr auf die Reduzierung und Modulierung der Angst-Furcht- und Aggression-Wut-Zustände fokussiert waren und dabei die dysregulierten parasympathischen Affekte wie Scham und Ekel in nahezu allen psychotherapeutischen Modellen vernachlässigt haben. Therapeutisch bedeutsam ist das *Gewahrwerden* einer dyadisch ausgelösten nonverbalen Schamdynamik innerhalb der therapeutischen Arbeitsbeziehung, die vom Patienten als nicht ausreichend Sicherheit gebend empfunden wird. Im Hinterkopf zu behalten ist die Erkenntnis, dass *das Schamgefühl insgesamt der sich am leichtesten generalisierende, der am schnellsten sich ausbreitende und überflutende von allen Affekten ist.*

Die Affekttoleranz des Therapeuten ist ein entscheidender Faktor, wie dieser mit den heftigen Affekten, die in der Übertragungs-Gegenübertragungs-Beziehung auftauchen, umgeht und diese selbst reguliert. Die Möglichkeit, »in den Gefühlszustand des anderen einzutreten« und Empathie zu entwickeln, hängt stark mit der Fähigkeit zusammen, unterschiedliche Intensitäten und die Dauer von Gegenübertragungszuständen zu ertragen – besonders die negativen Affekte wie Scham, Ekel, Schrecken und Verzweiflung, die begleitet werden können von Gedanken und Gefühlen der Hoffnungslosigkeit, Verzweiflung und Hilflosigkeit.

Intensive Affekte, besonders solche, die mit Beziehungstraumata und emotionalem Schmerz zusammenhängen, werden vom Bewusstsein mittels Dissoziation ferngehalten. Das Symptom der Dissoziation ist daher ein physiologisch-psychologischer Selbstschutzmechanismus, ein Rückzug vor bedrohlichen äußeren Reizen und Affektüberflutungen. Die bedeutsamste Konsequenz des frühen Beziehungstraumas ist somit einerseits der Verlust der Fähigkeit, die Intensität und die Dauer von Affekten zu regulieren. Andererseits besteht die wichtige Konsequenz der Abkapselung der traumatischen Introjekte darin, dass die Affekte ihre ursprüngliche Stärke und primitive Qualität behalten.

Philip M. Bromberg (2008) beschreibt den traumatischen Affekt nicht einfach nur als »Angst mit aufgedrehter Lautstärke«, sondern als »affektives Überfluten, intensiv genug, um das Denken zu unterbrechen, weil es *inhärent chaotisch* ist« (S. 416). Er schlägt vor, dass pathologische Dissoziation ihren Einfluss dadurch zeigt, dass sie den Geist von seiner Fähigkeit trennt, das wahrzunehmen, was viel zu intensiv für das Selbst zu ertragen wäre. Die Funktion der Dissoziation ist es demnach, wie ein »Frühwarnsystem« zu wirken, das potenzielle Affektdysregulation antizipiert, indem es ein Trauma vorwegnimmt, bevor es stattfindet.

Traumatisierte Patienten erleben beim Herannahen intensiver Gefühle eine fundamentale Scham, quasi eine »Schamüberflutung« (analog zur »Angstüberflutung«), da sie fürchten, von ihren eigenen Affekten überrannt und damit erneut hilf- und wehrlos zu werden. Dieser »Kollaps des Selbst« wird affektiv durch Scham und Angst signalisiert, kognitiv durch Hilf- und Hoffnungslosigkeit. Außerdem wird der Bindungswunsch in einer solchen feindseligen, verletzenden und unkalkulierbaren Umgebung, wie Jochen Peichl (2007) schreibt, »unter dem Druck chronisch dissoziativer Mechanismen, nicht als ein lustbringendes, intentionales Zugehen auf die Welt erlebt, sondern als *Notfallreaktion im Zustand scham- und schmerzvoller Bedürftigkeit*« (S. 216, Hervorhebung von mir).

Scham als klinisches Phänomen hat Bromberg (2006, 2011) zufolge immense therapeutische Bedeutung. Stärker als jedes andere Thema ist Scham der rote Faden, der die Konzepte der therapeutischen Brüche und der Wiederherstellung durchzieht. Die Scham des Patienten ist nicht ein Resultat einer mangelhaften therapeutischen Technik, »sondern zeigt an, dass in der Wiederbelebung von frühen Traumata bestimmte dissoziierte Selbst-Zustände des Patienten, die vom Therapeuten nicht ausreichend anerkannt wurden, und die vereitelten Bedürfnisse für solch eine Anerkennung von Scham begleitet werden« (2006, S. 24). Schamvoll ist dieses Hungern nach Linderung des Schmerzes, weil diese Anerkennung genau von der Person erwartet wird, die sie am wenigsten geben wird, weil sie die Traumatisierung verursacht hat. Die Natur des Enactments mit dem Therapeuten schafft eine interpersonale Dynamik, in der Scham von Patient wie Therapeut empfunden wird, weil der Glaube an die Unrechtmäßigkeit der Bedürfnisse nach Anerkennung bestätigt wird. Die Selbstzustände, die das Bedürfnis beinhalten und die, die mit Scham in Verbindung stehen, sind häufig dissoziiert und für Patient wie Therapeut nicht erkennbar.

Die Psychodynamik von elterlicher Nicht-Anerkennung der Affekte des Kindes spielt eine Schlüsselrolle darin, dissoziative mentale Strukturen in Erwachsenen zu schaffen. Diese anhaltende Nicht-Anerkennung definiert am besten, was mit »Bindungstrauma« ausgedrückt wird. Das eigene Bedürfnis nach liebender Anerkennung wird verachtet und zur Quelle von Scham. Dies stellt den Kern der Traumatisierung durch Nicht-Anerkennung nach relationaler Sichtweise dar. Das Bedürfnis wird so zu einem fremden, dissoziierten Anteil des Selbst, und wenn dies in der Therapie berührt wird, wird genau dieses bedürftige Hungern nach Anerkennung des Schmerzes mit einem Überfluten von Scham erlebt, dem Affekt, der nicht ein Fehler darstellt, was man *getan hat*, sondern *wer man ist*.

Philip M. Bromberg (2006) vertritt die meiner Ansicht nach hilfreiche therapeutische Haltung, dass zunächst ein Zugang zur Scham des Patienten gefunden werden muss, bevor das Bedürfnis nach Anerkennung aufgedeckt werden kann. Die schwierige Aufgabe des Therapeuten liegt nun darin, nach Zeichen für dissoziierte Scham in sich selbst und in seinem Patienten zu forschen, die durch den therapeutischen Prozess selbst ausgelöst wird. Diese »Hier-und-jetzt-Scham« zu ergründen ist immer ein schwieriger und schmerzvoller Prozess, und es ist essenziell, dass sich der Therapeut nicht versucht zu restabilisieren, indem er Konzepte eines »hartnäckigen Übertragungswiderstands« hinzuzieht. Scham stellt die größte therapeutische Herausforderung dar und ist einer der schwierigsten Aspekte, um dissoziierte Selbstzustände zu erforschen. Der Therapeut ist häufig unfähig, das hohe Niveau der Scham des Patienten zu bemerken, weil diese (aufgrund der ansteckenden Natur der Scham) ebenfalls bei ihm dissoziiert ist.

Der Grund, warum in der Therapie immer und immer wieder scheinbar unauflösliche Enactments erfahren werden, ist der, dass der Behandler jedes Mal nicht ausreichend das Anfluten der Scham bemerkt. Wenn Scham durch den therapeutischen Prozess selbst ausgelöst, aber nicht anerkannt wird, führt das entweder zu therapeutischen Sackgassen oder zu Pseudofortschritten. Der Therapeut verwickelt sich dissoziativ im unbewussten Bemühen, seine eigene Scham abzuwehren. Mit der affektiven Erfahrung im Hier und Jetzt zwischen Patient und Therapeut zu arbeiten ist der stärkste Impuls für Wachstum, vor allem aber kann Scham als Teil des Prozesses nicht umgangen werden. Es ist die Bedrohung der Scham, eine Bedrohung, die der durch Angst ähnlich ist, die das »Frühwarnsystem«, den »emotionalen Rauchmelder« (Bromberg 2006) aktiviert, um eine emotionale Überschwemmung zu verhindern, wie sie ehemals im Trauma stattgefunden hat – eine erschreckende, unvorhersehbare Bloßstellung eines Selbst sich selbst gegenüber. Dies fasst Bromberg (2011) in seinem Trauma-Dissoziations-Modell in der Metapher zusammen: »den Schatten des Tsunamis verkleinern« (»shrinking the shadow of the tsunami«). Mit der Metapher des »Tsunami« meint er die bedrohliche Angst vor Affektüberflutung, die ein Trauma auszeichnet.

Die Bindungsforscher Peter Fonagy und Kollegen (2004) verweisen in ähnlicher Weise wie Schore (2007) und Bromberg (2006, 2011) auf die besondere Bedeutung der Affektspiegelung durch die Bezugspersonen und vor allem auf die zentrale Rolle der Ich-Funktion der Affektregulation für die frühe psychische Entwicklung des Selbstsystems. Das »frühe Trauma« lässt sich als eine *Störung der Gegenseitigkeit* begreifen, der Mutualität in der affektiven Abstimmung zwischen Säugling und seinen primären Bezugspersonen (»affect attunement«) und im Scheitern der »Ein-Stimmung« von Angesicht zu Angesicht im Spiel. Dies führt zu Defiziten in der Selbstwahrnehmung und -kontrolle von Affekten; zu einer instabilen Ich-Identität mit porösen Grenzen zwischen Selbst und Objekt und damit einer Neigung zur projektiven Identifikation.

Die Arbeitsgruppe um Fonagy geht davon aus, dass die Brücke zu einem reflektierenden Erfahrungsmodus auf der Basis von Affektregulation gebaut wird. Da das Trauma temporär die Ich-Funktionen und das mit ihnen verbundene »gute Objekt« zerstört, kann das Trauma nicht angemessen mentalisiert, das heißt symbolisch dargestellt und verarbeitet werden. Die Forschergruppe (Fonagy et al. 2004) führt die meiner Ansicht nach sehr treffenden Begriffe der »selbst-destruktiven« oder »nicht-mentalisierten« Scham ein.

Die Brutalisierung, die im Kontext von Bindungsbeziehungen erlebt wird, erzeugt in der Folge intensive Scham: »Nicht-mentalisierte Scham wird in der Folge als Zerstörung des Selbst erlebt; wir haben dies ›selbst destruktive Scham‹ genannt« (ebd., S. 167). Dieser Sichtweise folgend, treten Gewalt und Aggression dann auf, wenn es dem Individuum nicht gelungen ist, die erfahrenen Affekte auf eine psychische Ebene zu verlagern und zu »mentalisieren«. Der maligne Charakter der Brutalisierungserfahrung wurzelt diesen Autoren zufolge in der Intensität der mit ihr verbundenen Demütigung. Die Angriffe können nicht verarbeitet und erträglich gemacht werden, weil die Fähigkeit fehlt, den durch die Entmenschlichung der Bindung erzeugten Schmerz zu mentalisieren.

Nach Fonagy et al. (2004) wird unerträgliche Scham dadurch erzeugt, dass »einem die Menschlichkeit in eben jenem Augenblick, in dem man zu Recht erwartet, anerkannt und für wertvoll erachtet zu werden, abgesprochen wird« (S. 428). Der durch eine Brutalisierung vulnerable Mensch fühlt sich wie ein Gegenstand behandelt. Die Scham stellt in dieser Sicht einen höher entwickelten Abkömmling dieses basalen Schmerzaffekts dar. Ebenso wie die Kälte ist die Scham »ungemein schmerzhaft, erzeugt aber, sobald sie eine bestimmte Intensität erreicht, das Gefühl der Taubheit oder Abgestorbenheit« (S. 429). Dabei ist es besonders die Scham, die nicht mentalisiert werden kann und somit innerlich abgekapselt bleibt.

Schamkonflikte in der klinischen Praxis

Sensibilisierung für Schamaffekte in Erstgesprächen

Alle therapeutischen Theoretiker und Praktiker, die sich intensiv mit Schamaffekten in der Psychotherapie auseinandergesetzt haben, stimmen darin überein, dass Scham ein in der Therapie schwierig zu bemerkender und zu diagnostizierender Gefühlszustand ist. Sie ist ein versteckter Zustand, der meist nicht im Vordergrund der therapeutischen Begegnung steht und dort auch selten direkt angesprochen wird.

Welche Rolle die Scham in der Psychotherapie spielt und welche Implikationen sich ergeben, wenn Schamgefühle stärker in das psychotherapeutische Verständnis einbezogen werden, ist eine Frage, die für den Kliniker von großer Relevanz ist. Léon Wurmser (1986) hat die Bedeutung von Schamgefühlen in der psychotherapeutischen und psychoanalytischen Behandlungspraxis anschaulich beschrieben: »Es vergeht wohl kaum eine Stunde der Analyse oder der Psychotherapie, in der wir nicht im Schweigen des Patienten oder im Gerede, im Zorn oder in der Einschüchterung, und vor allem in der Überzeugung eigenen Unwertes, der einen oder anderen Form des Sich-Schämens gewahr werden« (S. 16).

Die Affekte, vor allem die negativen Affekte wie Angst, Schuld- und Schamgefühle, machen bekanntlich einen beträchtlichen Teil des Leidensdrucks von Patientinnen und Patienten aus, die sich in Therapie begeben – ungeachtet der konkreten Symptome, unter denen sie leiden. Wenn es eine Magie in dem gibt, was wir tun, so Karen Maroda (2010, S. 25), dann ist es unsere Fähigkeit als Therapeuten, wichtige Inhalte oder Gefühle an die Oberfläche zu bringen, die dem Menschen Angst, Scham, Schuld und Verwirrung verursacht haben.

Durch das Offenlegen und Sichtbarwerden von unbewussten und zum Teil lange gehüteten Gedanken, Gefühlen, Fantasien und beschämenden psychischen Symptomen kann sich schon in der Probatorik eine Situation entwickeln, in der der Patient mit einem unangemessenen, aber für ihn typischen Schamvermeidungsverhalten reagiert. Eine entscheidende Weichenstellung für den weiteren Verlauf der Therapie stellt der Umgang des Interviewers mit den Schilderungen des Patienten in den probatorischen Sitzungen dar. Diese probatorischen Sitzungen sind atmosphärisch meist von einer intensiven Scham des Patienten, der sich in eine therapeutische Behandlung begeben will, durchzogen. Die Bedeutung dieser Erstkontakte liegt unter anderem darin, wie Patient und Therapeut mit Schamszenen umgehen (Hilgers 2007). Typische Formen dieser Schambewältigungsstrategien sind schambedingtes Erstarren und Verstummen, Sprachlosigkeit, Grenzüberschreitungen, aber auch logorrhoisches Reden und aggressives, provozierendes oder sexualisiertes Verhalten.

Eine häufig übersehene potenzielle Schamquelle ist die fehlende Transparenz bezüglich der therapeutischen Prinzipien. Als Leitlinie gilt, dass sich der Patient jederzeit im Rahmen der Therapie orientieren können muss. Neben der Besprechung der Behandlungsziele muss der Therapeut deutlich machen und erklären, was er und der Patient in der Therapie tun werden, wer welche Verantwortungsbereiche hat und wie Psychotherapie generell vonstattengeht.

Das Erstgespräch schließt neben den äußeren Rahmenbedingungen auch die Formulierung der »Grundregel« ein. Dieses analytische und psychodynamische Arbeitsprinzip kann entweder als klassische Aufforderung der freien Assoziation formuliert werden nach dem Motto, alles unzensiert auszusprechen, was dem Patienten durch den Sinn geht, oder ihm kann mitgeteilt werden, dass er das Stundenthema selbst bestimmen und sagen könne, was immer er möchte. Die in der klassischen Psychoanalyse empfohlene striktere Grundregel, dass der Patient *alles* sagen *müsse*, wird in der tiefenpsychologisch orientierten

Psychotherapie meist abgeschwächt und modifiziert (Luborsky 1999). Wie Margaret Little (1998) in Bezug zur Grundregel formulierte, erwarten wir nicht, dass Patienten uns sagen, was ihnen durch den Sinn geht. Im Gegenteil, wir geben ihnen die *Erlaubnis*, es zu tun. Der Patient hat das *Recht*, zu sagen, was er möchte, nicht die *Pflicht*.

Bekanntermaßen ist von Anbeginn der therapeutischen Behandlung die Herstellung einer guten Arbeitsbeziehung von besonderer Bedeutung. Der Patient sollte dabei nicht durch einen abstinent-abwesend schweigenden Therapeuten verunsichert werden – der psychotherapeutische Erstkontakt ist »kein Stresstest«, wie Sven Olaf Hoffmann (2008, S. 25) treffend bemerkt. Dies erfordert besonders in den tiefenpsychologisch orientierten Kurz- und Langzeittherapien, dass der Therapeut ein aktives und möglichst »transparentes« Verhalten an den Tag legt.

Die Vorstellung, die Erstinterviewsituation oder auch später jeden Beginn der Behandlungsstunden wie eine Art »Bewerbungsgespräch« zu empfinden, kommt erfahrungsgemäß bei etlichen Patienten vor. Gerade bei schamsensiblen Menschen führt dies zwangsweise dazu, dass sie versuchen, »möglichst alles richtig zu machen«, und sehr feine Antennen dafür entwickeln, was der Therapeut hören möchte. Auf den Punkt gebracht hat es mir gegenüber eine Patientin in der Analyse, die irgendwann verwirrt und empört ausrief: »Soll ich jetzt frei assoziieren oder einfach erzählen, was mir wirklich durch den Kopf geht?« Auch die scheinbar »freie« Assoziation kann demnach ein Widerstand sein, sich auf sich selbst und die spontanen Gedanken und Gefühle einzulassen – stattdessen kann sie einen Versuch darstellen, »alles richtig zu machen«.

Peinlichkeiten – der missglückte Start

Eine Patientin, Anfang zwanzig, kommt zum Erstgespräch zehn Minuten zu spät und entschuldigt sich vielmals dafür, sie sei »in die falsche Richtung gelaufen«. Während ich meinen Kalender aus dem Büro hole und in das Behandlungszimmer komme, steht die Patientin schon mitten im Zimmer und sagt, dass dies ja ein »sehr schöner Raum ist, der Teppich ist sehr schön, und es fehlt ja eigentlich nur der obligatorische Miniatur-Zen-Garten«. Ich fühle mich aufgrund der eigentlich nett gemeinten, aber über das Ziel hinausschießenden Komplimente hinsichtlich meines Einrichtungsstils eher misstrauisch als geschmeichelt. Sie beginnt die Sitzung mit der Frage: »Kann ich Sie duzen?«

Nachdem ich dies verneint habe und ihr erkläre, dass ich lieber bei dem »Sie« bleiben würde, berichtet die Patientin von ihren Ängsten vor Bewertungen bei der Arbeit, die in den letzten Wochen regelmäßig zu krisenhaften Zuspitzungen eskaliert sind, wenn sie sich von Vorgesetzten kritisiert fühlte. Während dieser Schilderungen fühle ich mich zunehmend unwohler, mir wird leicht schwindlig, und ich ziehe mich emotional zurück, fange an, eine körperliche Haltung einzunehmen, in der mein Klemmbrett fast zu einer Art Schutzschild wird, hinter dem ich mich verstecken möchte.

Nachdem ich in einer Art innerer Supervision die Beziehungsdynamik eine Weile betrachtet habe, die sich zwischen uns abzuspielen beginnt, in der sie auf mich schamlos zustürmt und ich mich zunehmend zurückziehe, frage ich sie, wie sie denn das Zuspätkommen empfunden habe. Sie ist erleichtert, dass ich dies anspreche, und berichtet: »Ich habe schon die ganze Zeit den Film gefahren, dass Sie so distanziert sind, weil Sie sauer sind, dass ich zu spät gekommen bin. Das war mir total peinlich, ich hatte so eine Angst vor dem Gespräch, und dann komme ich auch noch zu spät, und Sie sind sauer auf mich und verachten mich, dass ich es nicht schaffe, pünktlich hierherzukommen.«

Die Patientin versuchte in diesem Erstinterview, die Scham- und Intimitätsschwellen quasi zu überspringen. Aus lauter Angst vor einer negativen Bewertung suspendierte sie quasi ihre Selbstgrenzen. Dieses »Überspringen der Intimitätsschwelle« kann als Beispiel eines Kompensationsversuchs für die massiven Schamängste von Patienten in der Erstinterviewsituation verstanden werden. Nicht selten entsteht der Eindruck einer schweren Pathologie, der durchaus zutreffend sein kann – aber auch aufgrund starker Schamgefühle des Patienten zu Unrecht erweckt wurde.

Wir Therapeutinnen und Therapeuten sollten stets versuchen, den Patienten eine Haltung zu vermitteln, mit der wir bestrebt sind, die Gefühle der Scham und Erniedrigung darüber, was offenbart wird, zu verhindern oder zu reduzieren. Dies gilt in besonderem Maße für Patienten, die aufgrund von frühen Traumatisierungen nicht in der Lage sind, mit »Intimitätsschamgefühlen« in angemessener Weise umzugehen und diese auszuhalten – und stattdessen schon teilweise im ersten Kontakt detailliert von sexuellen Missbrauchssituationen berichten. Wenn ein strukturell gestörter Patient seine Intimitätsgrenzen in einer für ihn destabilisierenden Weise fehlreguliert, ist es hilfreich, wenn der Therapeut aktiv Hilfs-Ich-Funktionen übernimmt und den Patienten freundlich, aber bestimmt eingrenzt. Der Hinweis des Therapeuten, dass zunächst die »Überschriften« seiner Geschichte relevant sind und man sich den einzelnen »Kapiteln« später zuwenden kann, sobald sich der Patient dem besser gewachsen fühlt, ist an diesem Punkt hilfreich (Hilgers 2006).

Ein wichtiges Thema für potenzielle Scham ist das Abweisen und Überweisen von Patienten zu Kollegen. Dies wird in der Regel von Patienten als Bestätigung erlebt, nicht »ausreichend« zu sein, und mobilisiert alte Verlassenheits- und Schamängste. Dass der Behandler taktvoll vermittelt, warum er diesen Patienten nicht nehmen kann, gehört zwar zum Handwerkszeug eines jeden Therapeuten, wird aber meines Erachtens zu wenig thematisiert.

Insgesamt kann festgehalten werden, dass es für die Erstkontakte entscheidend ist, ob es dem Behandler gelingt, eine Atmosphäre schamreduzierenden Charakters herzustellen und der Relevanz der zum großen Teil erheblichen Scham, inklusive deren Abwehr, Aufmerksamkeit zu zollen.

Scham während der Therapie

Erfahrungsgemäß ist schon die psychotherapeutische Situation selbst, die gekennzeichnet ist durch die Asymmetrie zwischen jemandem, der sein Innerstes preisgeben soll, und jemandem, der relativ wenig von sich preisgibt, mit Schamgefühlen verbunden.

Bereits das Aufsuchen eines Psychotherapeuten kann von starken Schamgefühlen begleitet sein, da dies für den Betreffenden bedeutet, mit seinen psychischen Problemen nicht mehr allein fertig zu werden und auf professionelle Hilfe angewiesen zu sein.

Dabei wird der Therapeut nicht selten als »allwissender« Mensch idealisiert, der mit einer Art »psychischem Röntgenblick« die Probleme und Schwierigkeiten des Patienten sofort erkennt. Die Inanspruchnahme psychotherapeutischer Hilfe stellt somit eine große Schamquelle dar, da sie »Abhängigkeits-« und »Inkompetenzscham« auslösen kann.

Daher droht in jeder Objektbeziehung und besonders in der Behandlungssituation ständig eine Bloßstellung. Wie der Analytiker Thomas H. Ogden (2000, S. 177) treffend bemerkt, ist die Beziehung, die zwei Menschen in einer Psychotherapie eingehen, eine der formellsten, aber auch gleichzeitig eine der intimsten Formen menschlicher Beziehungen, die es überhaupt gibt.

Eine Patientin sagte mir einmal: »Das ist meine Urangst, wenn ich zum Psychologen gehe: für nicht funktionsfähig betrachtet zu werden. Dass Sie denken könnten, dass ich komisch bin, nicht normal.« Viele Menschen warten aufgrund hemmender Schamgefühle lange ab, bevor sie einen Therapeuten aufsuchen. Auch schichtenspezifische Bewertungen hinsichtlich der Inanspruchnahme von Psychotherapien spielen eine große Rolle (Leibig 1998). Menschen aus unteren sozialen Schichten besitzen erfahrungsgemäß eine höhere Schamschwelle, psychotherapeutische Hilfe in Anspruch zu nehmen. Eine starke Schamangst bezüglich der Psychotherapie als einer Form der »verordneten Intimität« (Jaeggi 2001) ist eine mögliche Folge, die bis zur Vermeidung der Inanspruchnahme einer Therapie führen kann.

In der Psychotherapie muss der Patient Lebens- und Selbstanteile offenbaren, die er nicht allein bewältigen kann und von denen er zum Teil noch keinem anderen Menschen erzählt hat. Die Schamschwelle ist dabei natürlich besonders hoch. Ein Patient erwähnte zum Beispiel, dass es ihm regelmäßig unangenehm sei, wenn er auf dem Weg zu meiner Praxis (in einem mehrstöckigen Wohnhaus) Menschen im Treppenhaus treffe und er sich »als jemand zu erkennen geben muss, der Psychotherapie in Anspruch nehmen muss«. Diese Scham und Angst vor einer Stigmatisierung durch unbekannte Menschen im Treppenhaus führte bei diesem Patienten zum Teil dazu, dass er auf dem Treppenabsatz stehen blieb und so tat, als ob er sich die Schuhe binde, damit nicht ersichtlich wurde, dass er an der Praxistür klingeln würde. Der Patient rätselte in der Stunde laut, warum dies denn so sei: »Komisch, dass das so ausgeprägt ist – wenn ich zu einer Hals-Nasen-Ohren-Arztpraxis gehen würde, würde ich das nicht so als Stigma empfinden.«

Eine wirklich interaktive Therapie basiert auf der Fähigkeit des Therapeuten, aus dem Patienten das »herauszukitzeln«, was er versucht zu verstecken – sogar vor sich selber. Sensible Themen wie sexuelle Orientierung und Praktiken werden meist verschwiegen und könnten über die gesamte Therapiedauer ausgeklammert werden, wenn der Therapeut nicht danach fragt. Dies stellt aber besondere Anforderungen an das Taktgefühl des Therapeuten.

Meines Erachtens hat der von der interpersonalen Analytikerin Sandra Buechler (2008) vorgeschlagene Hinweis Sinn, als Therapeut in jede Sitzung mit der Haltung zu gehen, dass die Fokussierung auf den emotionalen Kontext der Schamentstehung am hilfreichsten für den Patienten ist, das heißt, die emotionalen Begleiterscheinungen im Patienten und in seinem interpersonalen Umfeld zu erforschen. Kurz gesagt: den Kontext der Scham zu explorieren. Dabei steht die Exploration des Kontextes der Affektentstehung im Vordergrund. Dies bedeutet auch, die negativen Affekte mit den konflikthaften Objektbeziehungen zu verknüpfen. Besonders bei Schamaffekten werden solche jedoch häufig nicht bewusst vom Patienten erlebt.

Die klinische Brauchbarkeit dieser Haltung impliziert, dass es manchmal effektiver ist, zunächst die anderen Affekte zu beleuchten, die die Scham begleiten, als direkt die Scham an sich. Aufgrund einer mehr oder weniger bei jedem Menschen ausgeprägten »Scham vor der Scham« empfiehlt es sich daher, diese die Scham begleitenden Affekte zu erforschen. Häufig sind Menschen geradezu obsessiv mit einer Emotion beschäftigt, von der sie sich wünschen, sie wäre weniger intensiv. Meist beginnen sie eine Behandlung in der Hoffnung, ihre Affekte wie Trauer, Angst, Ärger, Scham, Schuld, Neid etc. zu modulieren. Wir können unsere Gefühle jedoch nicht kontrollieren, sondern bestenfalls verändern, wie wir damit umgehen – eine Aussage, die meist für Patienten anfangs irritierend, aber hilfreich und neu ist.

Patienten betrachten Affekte häufig so, als ob diese wie ein Thermostat funktionieren würden, das man im besten Fall nach Belieben hoch- oder runterregulieren kann. Aufgrund dieser obsessiven Beschäftigung ist die vorherrschende Emotion meist diejenige, die am wenigsten zugänglich für Veränderung ist. Patienten, die aufgrund ihrer Depression oder Angst in Behandlung kommen, sind häufig zu sehr mit diesen intensiven Emotionen beschäftigt, als dass sie am Anfang der Behandlung Erfolg versprechend fokussiert werden könnten.

Schamindikatoren

Der Psychotherapeut muss in der Behandlung die Wirkungsweise und Psychodynamik der Scham aus einem Minimum an Hinweisen erschließen. Da Scham im Gegensatz zur Schuld nicht durch ein Beichten gelindert werden kann, sondern sich dadurch im Gegenteil sogar noch steigert, werden Schamgefühle und -konflikte selten von Patienten selbst thematisiert – sie sind ihnen häufig auch als krankheitsauslösende und -aufrechterhaltende destruktive Kraft nicht bewusst.

Affektpsychologisch betrachtet, existiert für die Scham kein typischer Gesichtsausdruck, an dem man dieses Gefühl von außen erkennen könnte. Scham impliziert quasi den »Anti-Ausdruck« (Krause 2003), man möchte hier den Sitz der Identität – das Gesicht – aus der Interaktion herausnehmen. Scham besitzt daher keine direkten motorisch-expressiven Zeichen, wohl aber eine Fülle von Intentionsbewegungen, die alle einer Verkleinerung bzw. Unsichtbarmachung des Selbst dienen. Physiologisch gesehen, stellt sich Scham als ein schneller Übergang von einem positiven zu einem negativen Zustand und von einer Dominanz des sympathischen zur Dominanz des parasympathischen Nervensystems dar (Cozolino 2007).

In der therapeutischen Situation lassen sich mehrere äußerlich ablesbare Schamsignale erkennen, die sich besonders auf das Blickverhalten, die Art zu sprechen und die Körper- und Kopfhaltung beziehen. Mit dem subjektiv empfundenen Gefühl der Beschämung ist ein allgemeiner Tonusverlust im ganzen Körper verbunden. Der Patient zieht sich häufig durch ein körperliches Vermeidungsverhalten aus dem Beziehungskontakt zurück und wendet seinen Kopf und seinen Blick ab; er möchte »im Erdboden verschwinden«, »sich in einem Mauseloch verkriechen«, »vor Scham tot umfallen«, »vor Peinlichkeit innerlich verglühen«, »sich am liebsten in Luft auflösen« etc. Alle diese Metaphern deuten auf den Wunsch hin, das Selbst vor den Blicken der anderen vollkommen aufzulösen. Häufig begleiten sogenannte »selbstreflektorische Gesten« dieses Verhalten, das heißt, der Betreffende versucht, durch Berührungen des eigenen Gesichts oder des Körpers einen Selbstbezug herzustellen.

Das Wort »Scham« stammt etymologisch von der alten germanischen Wurzel *skam/skem* ab und hat die Bedeutung »Schamgefühl, Beschämung, Schande«. Es geht auf die indogermanische Wurzel *kam/kem* zurück, die mit »zudecken, verschleiern oder verbergen« übersetzt werden kann (Kluge 1983). Dies macht deutlich, wie eng das Gefühl der Scham mit der Vorstellung des *Sich-Verbergens* verbunden ist. Dieser Impuls, sich verbergen zu wollen, drückt sich in unterschiedlicher Weise aus.

Das Unterbrechen des Blickkontakts kann als zentrale Ausdrucksform von Scham verstanden werden; es kommt aber auch bei Verlegenheit und Peinlichkeitsgefühlen häufig vor. Das schamhafte Empfinden hat demnach Signalcharakter: Das Blickverhalten gibt uns Hinweise auf schamhaftes Erleben. Es kann dabei zu zwei Extremen kommen: Entweder wird der Blick auf das Gegenüber fixiert; er wirkt starr, fordernd, gierig oder aufsaugend. Oder es wird kein Kontakt über den Blick aufgenommen, höchstens ein kurzes ängstlich-prüfendes und rückversicherndes Hochblicken. Bei der Scham sind die Augen abgewendet und wandern von einer Seite zur anderen.

Die Art zu sprechen ist ein weiteres Schamsignal. Es kann auch hier zu beiden Extremen kommen: laut oder leise, piepsig oder robust und polternd. Auch ist von der Scham die ganze Körperhaltung betroffen; es besteht eine Tendenz, sich zusammenzurollen und den Körper kleiner erscheinen zu lassen. Der Körper kann gebückt, gedrückt und spannungslos wirken. Die Gestik und der Gang sind oft gehemmt, der sich Schämende traut sich kaum aufzutreten.

Diese intensive Steigerung der Selbstwahrnehmung, mit der das Erleben von Scham beginnt, beherrscht das Bewusstsein dermaßen, dass kognitive Prozesse plötzlich stark gehemmt werden, sodass es zu einem Verlust der Geistesgegenwart und einer Erhöhung der Wahrscheinlichkeit unangemessenen Stotterns kommen kann. Scham als Affekt hat emotionspsychologisch gesehen nur wenig kognitiven Inhalt. Erst im Nachhinein, im Zurückblicken auf das Schamerleben, kommt es zu intensivem Nachdenken. Dieses wird auch häufig von Triumphfantasien über denjenigen, der die Scham hervorgerufen hat, begleitet, aber auch von zum Teil massiven Selbstverurteilungen.

Eine Schwierigkeit, Schamgefühle im therapeutischen und analytischen Setting zu bearbeiten, besteht darin, dass die Scham häufig diffus, schwer benennbar und schwer greifbar erscheint.

Viele Patientinnen und Patienten sprechen von einem »komischen Gefühl« – etwas, das sie bremst und davon abhält, etwas zu sagen oder sich zu zeigen. Der Selbstpsychologe Andrew P. Morrison (1989) weist darauf hin, wie wichtig es im therapeutisch-analytischen Setting ist, die »Sprache der Scham« zu erlernen. Worte wie »dumm«, »unsichtbar«, »ärmlich«, »trivial«, »unzureichend« etc. können alle auf eine zugrunde liegende Schamproblematik hinweisen. Eine Art und Weise, Zugang zur Scham eines Patienten zu bekommen, besteht nach Gershen Kaufman (1989, S. 179) eben darin, den Patienten zu fragen: »Haben Sie sich jemals so gefühlt, als ob etwas in Ihnen *falsch* wäre?« Die Herausforderung liegt darin, einen sprachlichen Zugang zur Scham zu finden.

Die Scham ist somit ein schmerzhaftes Gefühl, das sich vor allem im Gesicht abzeichnet und den ganzen Körper ergreifen kann. Wer Scham empfindet, ist oft regelrecht gelähmt und kann nicht mehr agieren. Das Erröten ist auch deshalb ein so wenig verstandenes Merkmal der Scham, weil es zwei gewissermaßen unvereinbare Botschaften zusammenbringt: Die Schamröte trifft uns erstens im Selbstwert, wir könnten »im Boden versinken«, fühlen uns unzulänglich, fehlerhaft und gedemütigt. Wie Reto Volkart (1998) treffend betont, stellt das »Verbirg dich!« die dominierende Selbstinstruktion dar, die ans Gegenüber appelliert: »Lass mich in Ruhe!« Das auffällige Erröten kommuniziert aber, zweitens, gleichzeitig einen anderen Aspekt, nämlich das Aufrechterhalten von zwischenmenschlichen Beziehungen.

Neben dem Erröten gilt das Grinsen als typisches äußeres Zeichen für Peinlichkeits- und Schamgefühle. Dieses Grinsen wird häufig als »schafsgesichtig« beschrieben; es drückt momentane Verwirrung aus und kann anschließend in Lachen übergehen. Das Lachen kann als typische Identitätsunsicherheit interpretiert werden, mit der Schamgefühle verbunden sind.

Affektdifferenzierung

Die Unterscheidung des Schamaffekts von anderen Affekten hat sich in der klinischen Praxis als äußerst hilfreich erwiesen. Häufig werden allerdings Schuldkonflikte wie Schamkonflikte behandelt und es wird nicht ausreichend zwischen diesen beiden

Affekten differenziert. Dennoch überschneiden sich beide und es kommt zu Scham-Schuld-Spiralen.

Scham und Schuld sind emotionspsychologisch betrachtet beides »selbstreflektierende Affekte«, durch die ein Selbst sich selbst betrachtet und infrage stellt. Schuld hat etwas mit *Handeln* zu tun – und sei es nur mit beabsichtigtem Handeln –, Scham dagegen mit dem *Sein* und dem *Selbst*. Die Autorin Helen Block Lewis (1987) beschreibt den Unterschied folgendermaßen: »Bei Schuld frage ich mich selbst: ›Wie konnte ich *das* nur tun?‹ Bei Scham frage ich mich selbst: ›Wie konnte *ich* das nur tun?‹« (S. 16). Während sich Schuld auf eine befürchtete Strafe für etwas bezieht, das man falsch gemacht hat – die Verletzung einer Regel oder eines inneren Gesetzes –, bezieht sich Scham auf eine *Qualität des Selbst*. Schuld setzt also Handlung voraus, während Scham impliziert, dass ein bestimmter Aspekt des Selbst zum Vorschein gebracht wurde. So schreibt der Psychiater Donald L. Nathanson (1992, S. 4), dass Schuld die *Aktion* begrenze, während Scham den *Narzissmus* begrenze.

Von zahlreichen Autorinnen und Autoren wird hervorgehoben, dass der Aspekt des Gesehenwerdens einen entscheidenden Unterschied zwischen Scham- und Schulderleben darstellt, da in der Schuld die Anzahl der Beobachtenden keine so große Rolle spielt wie bei der Scham. In diesem Sinne sind Schamaffekte also stärker »sozial eingebunden« als Schuldaffekte.

Scham ist zudem stark mit der Angst verbunden, sich lächerlich zu machen, sich zu exponieren oder in beschämende Situationen zu geraten. Psychoanalytiker wie Wurmser gehen davon aus, dass Scham in ihren Grundzügen sehr komplex und variabel ist und auf der einen Seite in Stimmungen, auf der anderen Seite in Charakterhaltungen übergeht, dass jedoch »Angst einer ihrer Hauptanteile ist« (Wurmser 1990, S. 25). Im subjektiv erlebten Gefühl der Scham steht dann jene Angst im Mittelpunkt, die auftritt, wenn Beschämungssituationen, die vielleicht einmal Realität werden könnten, in der Vorstellung vorweggenommen werden. Eine solche Angst vor einer Bloßstellung kann in milder Signalform (im Sinne einer »Signal-Scham«) auftreten oder als eine überwältigende Panik. Diese kann zu klinisch relevanten Vermeidungstendenzen – sogenannten Reaktionsbildungen – und damit auch zu Symptomen führen.

Die Angst vor möglichen Schamerlebnissen und -situationen kann somit zu Haltungen führen, die als ausgeprägte Schüchternheit oder Gehemmtheit zu beschreiben sind und als Kardinalsymptome der sozialen Phobie klinisch relevant werden. In diesem Sinne ist die allgemeine Haltung der Schüchternheit ein Versuch, Situationen und Handlungen zu vermeiden, die Demütigung mit sich bringen könnten.

Im Kern geht es bei der Schamangst also um die Angst vor einer bevorstehenden Bloßstellung. So lässt sich die Scham auch als eine spezifische Form der Angst verstehen. Das Gefühl der *Hilflosigkeit*, das dabei hervorgerufen wird, ist von grundsätzlicher Bedeutung. Die Grundbefürchtung in der Scham ist die Angst vor dem Liebesverlust und schließlich vor dem Objektverlust; es ist eine Version der Trennungsangst, bei der die gefürchtete Gefahr in der äußeren Realität darin besteht, Zurückweisung in Form von Vorwürfen, Kritik, Hänseln, Belächeln bis zu schweren Demütigungen und Erniedrigungen zu erfahren.

Als Gegenspieler der Scham ist das Gefühl des Stolzes wichtig. Stolz bedeutet, dass man seinem inneren Ich-Ideal näher gekommen ist, Scham weist auf die Diskrepanz zwischen Ich-Ideal und Ist-Zustand hin. Scham und Stolz sind somit *die* Affekte, die das Selbstwertgefühl maßgeblich regulieren. Wenn Scham das Gefühl ist, das mit Inkompetenzerfahrungen in direktem Zusammenhang steht, dann ist im Gegensatz Stolz das Gefühlsäquivalent zu einer Kompetenzerfahrung. Scham und Stolz sind daher auch die »narzißtischen Affekte par excellence« (Wurmser 1990, S. 76), die stark mit der Selbstwertregulation und der Interaktion mit der Umwelt verbunden sind. Schamvulnerable Patienten, die eine Vergangenheit mit nicht resonierenden und wenig einfühlenden Bezugspersonen vorzuweisen haben, betrachten Gefühle des Stolzes als etwas inhärent Negatives.

Ein letzter Affekt, der eine gewisse Verbindung zur Scham aufweist, ist der Neid. Neid und Scham sind »Vergleichsaffekte«, bei denen man sich in Relation zu anderen setzt. Bei Menschen mit einem starken Minderwertigkeitskomplex oder einer Störung des Selbstwertgefühls ist offene Rivalität häufig von starker Scham begleitet. Oft besteht bei diesen Personen ein starker Drang nach ständiger Selbstkontrolle und Selbstbeobachtung.

Schamauslöser

Grundsätzlich kann jedes Verhalten eines Kindes Anlass zur Scham geben, sobald es von einem Erwachsenen als beschämend bezeichnet wird. Scham benötigt zu ihrer Manifestation die Fähigkeit zur Selbstreflexivität, die sich nach Michael Lewis (1991) in der zweiten Hälfte des zweiten Lebensjahres entwickelt. Diesen Zeitpunkt bestätigen auch Ergebnisse der modernen Säuglingsforschung zur Entstehung von Selbstbewusstheit.

Im Unterschied zu Sigmund Freud geht Daniel N. Stern (1990) davon aus, dass es sich bei der Herausbildung des erlebten Schamgefühls um interaktive Prozesse handelt, die ein reflektierendes Bewusstsein voraussetzen. Allerdings existiert schon beim Säugling ein schamäquivalentes Verhalten, eine »Proto-Scham« in Form des Fremdelns (Tomkins 1963). Ein – wenn auch zunächst rudimentäres – Schamgefühl setzt jedoch die Fähigkeit voraus, sich getrennt vom anderen zu erleben. Das objektive Selbstbewusstsein, das sich zwischen dem 18. und dem 24. Lebensmonat einstellt, bringt eine »Schamkrise« mit sich. Das Kind kann sich jetzt im Spiegel erkennen und dabei erahnen, dass es von anderen Menschen ebenso beobachtet werden kann.

Die Ablehnung der Eltern gegenüber dem kindlichen Exhibitionismus stellt einen wichtigen Auslöser von Schamgefühlen dar. Die möglichen Schamanlässe sind schier endlos und schwer überschaubar. Allgemein ist es besonders der nackte, schutzlos sichtbare Körper, der Scham hervorrufen kann. Die Scham ist ein stark körpergebundener Affekt. Der Umstand, über »eklige«, als schmutzig empfundene Körperinhalte zu verfügen, produziert Scham, ebenso wie die Unkontrollierbarkeit der entsprechenden Körperfunktionen. Neben den Ausscheidungsfunktionen wirken auch die Sexualfunktionen der Genitalien als Schamanlass.

Aus einer klassischen triebpsychologischen Perspektive stehen die ersten Situationen, in denen sich das Kind schämt, im Zusammenhang mit den verschiedenen Phasen der erogenen Zonen. Der orale Trieb ist dabei der erste, den das Kind disziplinieren muss. Hier kann die Scham mit Gefräßigkeit verbunden sein (Tisseron 2000).

Autoren, die die Scham in ihrer Genese eher an die anale

Phase gekoppelt sehen, erkennen in der Trias von Schmutzigkeit, Schwäche und Defekt den Hauptinhalt der Scham (Erikson 1982; Wurmser 1990). Die »anale Scham« ist aufs Engste verknüpft mit dem Bewusstsein des eigenen Körpers, konkret in der erhöhten Wahrnehmung der Selbstgrenze in ihrem körperlichen Ausdruck in der Einübung der Sphinkterkontrolle. Im Zuge des Toilettentrainings wird das zunächst lustvolle anale »Geschenk« entwertet, es unterliegt der Scham, dem Ekel und der Verachtung. Auf dieser analen Stufe werden aber nicht nur der Körper und seine Ausscheidungsvorgänge einer sozialen Bewertung und Kontrolle unterzogen, sondern auch die inneren Affekte, Bedürfnisse und Gedanken des Kindes.

In der phallischen Phase sind es die exhibitionistischen und voyeuristischen Tätigkeiten des Kindes, vor allem die Masturbation, die mit Scham in Verbindung gebracht werden. Die Verletzung der Verbote gegen Masturbation oder Voyeurismus kann Gefühle hervorrufen, die eine Kombination von Scham, Schuld, Schüchternheit bzw. Ärger oder aber alternativ Gefühle der Befriedigung und des Stolzes hervorrufen.

Die frühen Erfahrungen mit Scham werden im Kontext eines bestimmten Erziehungsstils gemacht. Die Eltern sind im Leben des Kindes jene Menschen, die erste Schamerlebnisse bewusst oder unbewusst hervorrufen oder auch verhindern können, »sie beeinflussen in prägender Weise die frühe Schamgeschichte des Kindes, die zur Ausgangsbasis für spätere Krisen und Schamkrisen wird« (Lietzmann 2003, S. 129). In der Erziehungspraxis werden Beschämungen vor allem in Zusammenhang mit Körperfunktionen wie Sauberkeitserziehung, Spielen mit den Genitalien, bestimmten Essregeln oder auch Weinen eingesetzt.

Alle Säuglinge, Kleinkinder oder älteren Kinder suchen angenehme Körperempfindungen und entwickeln Fantasien von hedonistischen Körpererfahrungen, und alle Eltern und anderen Autoritäten beantworten die Suche der Kinder nach solchen Vergnügen entweder auf eine akzeptierende, empathische und ermunternde oder durch eine ablehnende, beschämende und verbietende Art.

Joseph D. Lichtenberg (2008) beschreibt aus einer selbstpsychologischen Perspektive die akzeptierenden und ermunternden Formen der Vergnügung bereitenden Körperempfindungen und die begleitenden Fantasien als »Sinnlichkeit«, die abgelehnten, beschämenden und verbotenen Formen von Körpererfahrungen und Fantasien hingegen als »Sexualität«. Der Scham-Theorie von Silvan S. Tomkins (1963) folgend, wonach jede jähe Unterbrechung des Gefühls von Interesse-Neugier des Kindes augenblicklich Scham erzeugt, unterscheidet Lichtenberg (ebd., S. 6) zwischen »Sinnlichkeit« und »Sexualität« hinsichtlich der von den Bezugspersonen gezeigten wohlwollenden oder beschämenden Reaktionen.

Es sind die Bezugspersonen des Kindes, die zu angenehmen Körperempfindungen ermuntern und andere verbieten. Diese Auswahl bildet den transgenerationalen Einfluss der Kultur dessen ab, was akzeptabel (= sinnlich) und was zu zensieren ist (= sexuell). So kann man sich beispielsweise eine Mutter mit ihrem vier Monate alten Säugling vorstellen, der sinnlich-glücklich an der Brustwarze nuckelt und als Reaktion eine ermunternde und affirmative Spiegelung der Mutter erhält. Wenn der vierjährige größere Bruder diese Szene beobachtet und auch an der Brustwarze der Mutter nuckeln möchte, ist es hoch wahrscheinlich, dass die Mutter ihn ermahnend zurückweist, weil dies den Charakter einer *sexuellen* Handlung bekommt. So wird der gleiche Impuls einmal als *sinnlich* vom Säugling erfahren und mit Affirmation beantwortet, ein anderes Mal beim ödipalen Kind als *sexuell* empfunden und mit Scham und Ablehnung assoziiert.

Diese Affirmations-Scham-Balance ist eine, die ausgehend von präverbalen Erfahrungen mit den Bezugspersonen verallgemeinert wird und nachdrücklich die bewusste wie auch unbewusste Bedeutung und Symbolisierung von Sinnlichkeit und Sexualität prägt. Dabei beinhaltet Sexualität mit ihrem Zutagetreten unvermeidlich die Qualität eines Konflikts und einer Spannung zwischen »Ich will« und »Ich darf nicht«. Scham funktioniert besonders als ein regulatorisches Signal und ist ein wichtiger Faktor bei der Sozialisierung von Säuglingen und Kleinkindern in einer sensiblen Entwicklungsphase, in der sich das Selbst des Kindes bildet und es sich mit der Unterscheidung zwischen »sinnlichen« und »sexuellen« Impulsen auseinandersetzt. Die ablehnende, verbietende oder annehmende, unterstützende affektive Spiegelung durch die Bezugspersonen ist dabei ausschlaggebend und wird vom Kind verinnerlicht.

Kurz gesagt, ist Scham der grundlegende Affekt, den das präverbale und verbale Kind als Antwort auf die verbotenen, aber lustvollen Körperempfindungen erfährt.

Eine massive Art der Bestrafung und der gezielten Beschämung ist der generelle Liebesentzug der Eltern, das »Geh mir aus den Augen!«. Dieser »Tod durch emotionales Verhungern« ist besonders schwerwiegend und kann sich in schlimmsten Fällen bis hin zur »Seelenblindheit« (Wurmser 1999) oder zum »Seelenmord« (Shengold 1995) potenzieren.

Auf einer »reiferen« Entwicklungsstufe kann *Kompetenzscham* – oder, präziser ausgedrückt, *Inkompetenzscham* – bei abbrechender Kompetenzerfahrung entstehen. In engem Zusammenhang damit steht die Scham, die gegenüber der Diskrepanz zwischen einem (Selbst-)Ideal und dem Ich empfunden wird (Piers/Singer 1953; Morrison 1989). Es sind vor allem Empfindungen von Mangel, Schwäche und fehlender Konkordanz zu äußeren und inneren Wertesystemen, die diese Art der Scham prägen. Mit zunehmender Ich-Reife kann Scham dann eine eher internalisierte Qualität annehmen und somit dem Individuum als Signalfunktion zur Verfügung stehen, die anzeigt, dass gewisse Bedrohungen des Selbstwertgefühls vorhanden sind.

Die grundsätzlichen Inhaltskategorien der Scham – so kann man zusammenfassen – gruppieren sich demnach in drei Hauptgruppen: Schwäche, Schmutzigkeit und Defekt. Damit eng verwandte Bereiche sind das Verlieren im Wettstreit, der Kontrollverlust über Gefühle und Körperfunktionen sowie der Verrat. Scham kann sich auf einen körperlichen *Defekt* oder eine *Schwäche* beziehen. Sie kann als aktive Demütigung vor dem inneren Beobachter oder von außen erlebt werden. Eine weitere wichtige Schamquelle ist die Verletzung der *Selbst-* und *Intimitätsgrenzen* einer Person durch sexuelle oder gewalttätige Übergriffe aller Art. Hier spielt die oben erwähnte Affektüberflutung im Zusammenhang mit Traumatisierung und Dissoziation eine große Rolle.

In der analytischen und tiefenpsychologisch orientierten Psychotherapie tauchen meist die psychischen Inhalte auf, derer sich der Patient schämt, etwa bestimmte Wünsche, Bedürfnisse, Fantasien, Gefühle und Gedanken.

Schamgefühldifferenzierung

Anders als die *Inhalte* der Scham, besitzen ihre *Formen* eine eher globale Qualität, die für das Verständnis psychischer Störungen immens wichtig ist. Bei den Schamformen handelt es sich erstens um die »Urscham« des Liebesunwertes, zweitens um Scham für Bedürfnisse im Allgemeinen, drittens um die »Abhängigkeitsscham« und viertens um die »ödipale« Scham.

Die Urscham

Scham kann zurückgehen bis zur »Urscham«, die entsteht, wenn ein Kind unwillkommen, abgelehnt oder in seiner Existenz verachtet wird. Léon Wurmser geht davon aus, dass man, wenn man die Ursprünge der Scham zurückverfolgt, eine Ebene erreicht, in der sie mit archaischen Formen von Schuld, Ekel und Panik zusammenfließt.

Diese »Urscham« (Wurmser 1990), »elementare Scham« (Spero 1984), »existenzielle Scham« (Ayers 2003), »Kern-Wertlosigkeit« (Morrison 1989) oder »Daseinsscham« ist eine Form der Scham, die im Kern auf die Überzeugung oder den Glaubenssatz zurückgeht, dass »etwas mit mir nicht stimmt«. Diese Daseinsscham bezeichnet das Gefühl, ohne jeglichen Wert und ohne Daseinsberechtigung zu sein. Dieses tief sitzende Gefühl der Selbstverneinung muss aus Selbstschutzgründen verdrängt werden. Die Gefühlsintensität dieser Form von »früher« Scham tritt besonders stark und überflutend auf.

Bei den frühen Formen der Scham, wie der »Daseinsscham« oder »Urscham«, ist das Ich-Ideal als strukturelle Instanz nicht ausreichend ausgeprägt, um ihre Wucht und existenzielle Qualität zu erklären.

Die Zurückweisung der Bezugsperson wird in der verachtenden und abweisenden Mimik und im kalten Blick ausgedrückt, in denen das Kind die Botschaft erkennt: »Du bist nicht liebenswert, so wie du bist!« Besonders frühgestörte Patientinnen und Patienten spüren im tiefsten Inneren das grundsätzliche Gefühl, nicht akzeptabel und liebenswert für andere zu sein; es ist das Gefühl, dass es etwas im eigenen Inneren gibt, das nicht wert ist, geliebt zu werden.

Michael Balint hat dies als Ausdruck der »Grundstörung« (»primary fault«) identifiziert. In diesem Sinne ist die »Urscham« die Verwundung der »Ur-Liebe«, wie sie von Balint (1968) beschrieben wurde. »Kinder werden ein Selbstgefühl annehmen«, so Nathanson (1992, S. 341), »das auf einem persönlichen Defekt basiert, um die elterlichen Fehler und Versäumnisse zu erklären.« Die Annahme eines persönlichen Defektes erlaubt es dem Kind, mit der unerträglichen Angst – dem Grauen des Verlassenwerdens und des Todes – fertig zu werden, indem es die Angst gegen die akzeptablere, wenn auch »versengende« Scham eintauscht.

Dieser Schutzwall an Misstrauen führt oft zum Erleben der Verzweiflung – und jede konsequente Schamanalyse in der Psychotherapie führt unweigerlich zum Erleben dieser innewohnenden *Verzweiflung*. Das Gefühl der Verzweiflung steht psychodynamisch mit der subjektiven Empfindung, von anderen Menschen getrennt zu sein, in Verbindung. So schreibt auch Günter H. Seidler (1995, S. 179): »Dieses Erleben der Verworfenheit ist der unmittelbarste Nachbar eines jeden Schamgefühls.«

In anderen Fällen manifestiert sich die Unerwünschtheit darin, dass das Kind ausschließlich die Bedürfnisse der Eltern erfüllen muss und dementsprechend Schuldgefühle gegenüber dem eigenen Bedürfnis nach einer rechtmäßigen Existenz entwickelt. In solchen Fällen existieren gleitende Übergänge zum »Trennungsschuldgefühl«, das durch die Verweigerung der Loslösung hervorgerufen wird. Ein »Basisschuldgefühl« (Hirsch 1997, 2002) dagegen ist in der primären Unerwünschtheit begründet und oft mit einer Instrumentalisierung des Kindes verbunden – »Rollenumkehr« oder »Parentifizierung« genannt.

Häufig herrscht auch die Pflicht der Wiedergutmachung bei diesen Menschen vor: Sie mussten als Kinder besonders pflegeleicht, brav und angepasst sein.

Der *Grundfehler*, für den man sich bei der Urscham letztlich schämt, ist die schmerzliche seelische Wunde: »Ich bin nicht geliebt worden, weil ich im Kern nicht geliebt werden kann – und ich werde nie geliebt werden!« Dieses tiefe Gefühl, einen Grundfehler zu haben, kann zur Herausbildung eines »falschen Selbst« (Winnicott 1974) führen, das darauf basiert, sich so zu verhalten, wie es den vermeintlichen Vorstellungen der Eltern entspricht.

Eine frühgestörte Patientin mit multiplen Ängsten und Selbstverletzungen schreibt zum Beispiel nach einer besonders aufwühlenden Stunde: »Wie soll ich auch sinnvoll funktionieren, wenn ich die ganze Zeit irgendwie versuche, um den heißen Brei herumzureden?! Ich versuche gar nicht, wirklich über mich zu reden, weil ich meine Grundexistenz irgendwie ekelhaft, falsch und beschämend finde. Ich habe das Gefühl, wenn irgendjemand dahinterkäme, wie ich so bin, dann würde mich derjenige nur ziemlich abgrundtief schrecklich finden und sich abwenden.«

In der Psychotherapie ist es für Patienten, die zu den Wurzeln der Entstehung ihres »falschen Selbst« vorstoßen, oft eine der schwierigsten Aufgaben, sich von dem Wunsch, uneingeschränkt akzeptiert zu werden, zu trennen. Dieser Wunsch nach »bruchloser Übereinstimmung« ist die Quelle einer Reihe von Schamgefühlen der Patienten. Diese Urscham, das heißt die schmerzliche seelische Wunde, nicht der Liebe wert zu sein, kann meist nicht durch Sprache ausgedrückt werden.

Sich eigener Bedürfnisse schämen

Eine andere wichtige Form der Scham ist das grundsätzliche Sich-Schämen für Bedürfnisse. In gewisser Weise ist der Ausdruck von Bedürfnissen für jeden Erwachsenen in kleinerem oder größerem Ausmaß schambeladen, da er oft als ein Zeichen eigener Schwächen gewertet wird. Es kann auch Ekel als Reaktion antizipiert werden – in dem Sinne, dass eine pathologische Überzeugung vorherrscht, die eigenen Wünsche und Bedürfnisse würden von anderen als »zu viel« oder sogar als »eklig« empfunden. Im Affekt des Ekels ziehen wir das Gesicht zurück von einem schlecht riechenden Menschen und im Abscheu spucken wir quasi den anderen als etwas schlecht Schmeckendem aus. In ähnlicher Weise weist die Bezugsperson das Kind mit seinen Bedürfnissen ab, als ob es ebenfalls schlecht riechend oder schmeckend wäre und Ekel und Abscheu hervorruft (Kaufman 1989, S. 40).

Wenn es in der Beziehung des Kindes zu seinen Bezugspersonen solche wiederholten frühen Einbrüche in die affektiven Einstimmungsprozesse gab, die nicht modulierend aufgefangen werden können, führen diese »schließlich zu der grundlegenden

Überzeugung beim Kind, seine emotionalen Bedürfnisse seien überhaupt unakzeptabel und beschämend, müssten also aus den sozialen Interaktionen ausgesperrt werden« (Kapfhammer 1995, S. 98). Wenn es dagegen einen relativ unbehinderten Entwicklungsverlauf gab, verfügt das heranwachsende Kleinkind gegen Ende des zweiten Lebensjahres über ein auf einen integrierten Schamaffekt gestütztes Ich-Ideal. Darüber reguliert es in stellvertretender Selbsterfahrung, wie seine Handlungen, Gedanken und Gefühle in den kritischen Augen anderer bewertet werden.

Das Fehlen der frühen Affektabstimmung und -spiegelung weckt beim Kind und späteren Patienten einen grundsätzlichen Zweifel an der Fähigkeit, emotionale Zustände mit anderen zu teilen. Dies erzeugt ein Gefühl der Einsamkeit und Scham in Bezug auf die eigenen Bedürfnisse. Die Scham ist dabei die Kraft, die die Glut und Lebendigkeit der Affekte erkalten lässt. Es wird stattdessen eine Maske zur Schau getragen, die die Affektivität und die ungestüme Lebenskraft, die einem suspekt erscheint, verbirgt und versteckt.

Im Falle eines hypochondrischen, depressiven oder suizidalen Elternteils muss ein Kind zum Beispiel seine Lebendigkeit unterdrücken und ständig Rücksicht nehmen. Daraus kann ein »Vitalitätsschuldgefühl« (Hirsch 1997) resultieren.

Zusammengefasst kann die fehlende elterliche Reaktion auf normale emotionale Bedürfnisse des Kindes dazu führen, dass das Kind seine Gefühle für deplatziert und unangemessen hält und sich ihrer schämt. Klinisch gesehen, ist eine mangelnde Affekttoleranz, in der der Gebrauch der Affekte als Signale des Selbst (Krystal 1988) nicht mehr zur Verfügung steht, als Resultat dieses intersubjektiven Prozesses zu beobachten. In dieser extremen Ausprägung wird in den Augen des Betroffenen die komplette Emotionalität zum Zeichen eines schrecklichen Selbstdefekts, von dem man sich befreien muss.

Mit Sicherheit sind Scham und Schuld auf dieser frühen Ebene miteinander verbunden und gehen ineinander über, dennoch lässt sich eine Unterscheidung treffen. Serge Tisseron (2000, S. 94) zufolge zielt das Schuldgefühl auf die *Umstände* des Begehrens (wenn es sich um etwas Unerlaubtes oder Abwegiges handelt), die Scham hingegen auf die Legitimität des Begehrens selbst ab. In der psychotherapeutischen Praxis ist es insgesamt oft schwierig,

Scham von Schuld zu unterscheiden. Nicht selten kommt es zu »Scham-Schuld-Spiralen« (Piers/Singer 1953). Scham löst oft Schuld aus und vice versa.

Abhängigkeitsscham

Für viele Menschen stellt eine der unerträglichsten Formen der Scham diejenige dar, die mit Abhängigkeit und Unabhängigkeit assoziiert wird. So werden durch gegenwärtige Schamerlebnisse oft Erinnerungen wachgerufen an Zeiten, in denen wir uns absolut abhängig von anderen und als verachtenswerte Objekte hilflos zurückgestoßen gefühlt haben.

Die sogenannte Abhängigkeitsscham – quasi als Gegenstück der »Abhängigkeitssehnsucht« – tritt dann auf, wenn die eigene Abhängigkeit von anderen oder das Herausfallen aus Beziehungen, die eigentlich gewünscht sind, schmerzhaft deutlich wird. Für manche Menschen ist es so wichtig, eine stabile Verbindung zu bestimmten anderen Personen aufrechtzuerhalten, dass sie bereit sind, Schamgefühle zu akzeptieren und damit masochistische Verhaltensweisen an den Tag zu legen. In intersubjektiver Sichtweise wird der Mensch als von Natur aus von anderen abhängig betrachtet. Es ist daher auch immer wieder notwendig, sich selbst und die Patienten daran zu erinnern, »dass es nichts Beschämendes ist, Andere zu brauchen« (Orange 2004, S. 201).

In beiläufig eingeworfenen Bemerkungen des Therapeuten nach dem Motto »Sie haben anscheinend keine Vorstellung davon, wie *befriedigend* es sich auch anfühlen kann, sich *abhängig* zu fühlen« kann der Patient, der keine positiven Erfahrungen mit Abhängigkeitsgefühlen gemacht hat, daran erinnert werden, dass Sich-abhängig-Fühlen nicht automatisch und zwingend gleichgesetzt werden muss mit Sich-erpressbar Machen oder Sich-unterwerfen-Müssen. Dieses Abhängigkeitsgefühl ist kein Zeichen von Unreife, sondern von bezogener Intimität. Nicht nur bei vielen Patienten, auch in der klassischen Psychoanalyse herrscht ein Ideal von Reife vor – eine Art »Reifemoral« –, in dem diese unbewusst mit völliger Selbstgenügsamkeit gleichgesetzt wird.

Intensive Selbstobjekt-Bindungen zu bedeutenden anderen zu haben und sie für das Selbstgefühl unbedingt zu brauchen ist jedoch etwas, das einen wichtigen Aspekt seelischer Gesundheit darstellt, wie wir von Heinz Kohut (1976, 1979) lernen konnten.

Diese Abhängigkeit von den primären Objekten wird in der psychotherapeutischen Beziehung reaktualisiert, indem hier ebenfalls primäre Wünsche und deren Abwehr geweckt werden. Diese sich entwickelnden Abhängigkeitsgefühle und die meist damit verbundenen intensiven Schamgefühle taktvoll anzusprechen gehört zur Kunst der Schambearbeitung.

»Sie dauernd bei mir haben wollen«

Eine Patientin mit multiplen Ängsten und ich-strukturellen Defiziten sagt nach einer Urlaubspause:

»Es ist mir vieles peinlich mit der Pause: dass ich mir vorher gewünscht hatte, dass Sie dableiben – die Abhängigkeit Ihnen gegenüber macht mir zu schaffen. Es ist auch peinlich, dass ich mich zurückgesetzt fühle, als Verliererin, total wertlos. Es ist ein Verlust – obwohl Sie wiederkommen. Ich weiß auch nicht genau, ob Sie wiederkommen. Es tut weh und ich schäme mich. [...] Ich schäme mich für alle Gefühle: das Klammernwollen, Mitgehenwollen, die Bedürftigkeit, Sie dauernd bei mir haben zu wollen. Wenn ich rausgehe in die Pause, dann gelingt es am Anfang, es als warme Beziehung zu empfinden, Sie als Mensch zu erinnern. Und dann fangen nach einer Weile Angst und Panik an, Sie werden nicht mehr greifbar für mich, verschwinden in einem Nebel. Dann empfinde ich mich als Versagerin, habe das Gefühl, ich *kann* irgendetwas nicht. Dann wird es immer schlimmer, je mehr das innerlich abbricht – bis zu einer totalen Kälte, die um mich ist. [...] Dann schäme ich mich, dass ich so ein Scheißding bin, das da so rumhängt. [...]

Ich merke, Sie sind unmittelbar mit meinen Gefühlen verbunden – das macht mir Angst, das greift meine Integrität an. Man spricht ja über so was nicht. Dadurch kann ich es auch von mir weghalten. Es wird ein Teil von mir hier sichtbar, den ich lieber für mich selbst behalten möchte – und der hat auch noch unmittelbar mit Ihnen zu tun. Mir hat mal jemand gesagt, man müsse aufpassen vor der Abhängigkeit zu einem Therapeuten. Der bindet einen so an sich, als ob man nicht mehr alleine klarkommt. Das ist hier nicht so, aber es bleibt die Angst davor – und die Scham. Ich muss so ›ins Blaue‹ vertrauen – da habe ich auch eine Angst, dass Sie Macht über mich ausüben.

Aber ich fühle mich auch unwürdig, dass Sie sich mir zuwenden. […] Ich fühle mich ohnmächtig allen Gefühlen gegenüber. Ich fühle mich auch für *Ihre* Gefühle verantwortlich. Dass Sie mich abwerten könnten, mich wertlos finden, dass meine Bedürftigkeit wie ein Klotz an Ihrem Bein ist. […] Ich habe einen ganz großen Wunsch, dass meine Eltern sich verantwortlich gefühlt hätten. […] Jetzt fühle ich mich für *Ihre* Scham verantwortlich – wie ich mich für die Scham meiner Eltern verantwortlich fühle. […] Dann kommt wieder diese kalte Leere, wo niemand ist. […] Ich würde mir wünschen, auch in dieser Wertlosigkeit geliebt zu werden.«

Das ganze Kaleidoskop der Gefühle, wie es mit diesem Grunddilemma zwischen Autonomie und Abhängigkeit verbunden ist, wird besonders bei der therapeutischen Behandlung schwerer Persönlichkeitsstörungen deutlich, wie in dem obigen Fallbeispiel. Léon Wurmser (1990) hebt in diesem Zusammenhang hervor, welch wichtige Rolle bei schweren Neurosen der Konflikt *Abhängigkeitsscham* gegen *Trennungsschuld* spielt (S. 114). Bei Patientinnen und Patienten, die in der Tiefe symbiotisch an ihre Eltern gebunden sind, können Entwicklungsschritte in Richtung Autonomie mit einer starken unbewussten Trennungsschuld assoziiert werden. Es liegt der Glaube zugrunde, dass Trennung die Schädigung oder Zerstörung des »Liebesobjekts« bedeute. Dies ist Ausdruck von widersprüchlichen Über-Ich-Forderungen, die zu einem unlösbaren intrasystemischen Konflikt werden, bei dem Scham und Schuld im Zentrum stehen.

Bei manchen Patienten äußert sich dies auch häufiger in Schwierigkeiten bei Abschlussprüfungen oder anderen selbstbestätigenden Autonomieschritten. Das Scheitern und Nicht-Bestehen bedeutet einerseits Scham gegenüber den eigenen Ansprüchen und Idealen, nämlich als Versager in den Augen der anderen und vor sich selbst dazustehen; das Bestehen und Loslösen hingegen erzeugt Rivalitäts- oder Trennungsschuldgefühle. Meist geht dieser Ambivalenzkonflikt von den Eltern aus, die einerseits wollen, dass die eigenen Kinder Erfolg haben, andererseits dies aber unbewusst zu verhindern suchen, weil es zur Ablösung der Kinder führt oder »Überflügeltwerden«-Gefühle erzeugt. Erfolgreich sein oder eine Prüfung bestehen bedeutet in dem Falle Trennung (Hirsch 1997).

Bindungstheoretisch betrachtet, stellen die hyperaktiven Strategien, die wir bei hysterischen, ängstlichen und Borderline-Störungen beobachten, eine ständige Beschäftigung mit der wahrgenommenen Unerreichbarkeit von Bindungspersonen dar (in Vergangenheit und Gegenwart), deren Hilfe gesucht wird oder wurde. Unglücklicherweise ist bei diesen Patienten das Bindungssystem chronisch aktiviert und dies macht sie hypervigilant und außerordentlich empfindlich gegenüber Bedrohungen – besonders Trennungsandrohung (Wallin 2007). Eine übermäßige Abhängigkeit von anderen unterminiert jedoch sekundär das Selbstwertgefühl und führt nicht selten dazu, genau das Verlassenwerden zu provozieren, das es unbewusst zu verhindern versucht.

Die ödipale Scham

Als letzte Form der Scham wäre noch die »ödipale Scham« zu erwähnen. Aus der Sicht der klassischen triebpsychologischen Perspektive ist der Affekt der Schuld mit dem Ödipus-Komplex verbunden. Die Fantasien des Kindes, stark, groß und mächtig zu werden, stehen im Gegensatz zu der zunehmenden Bewusstwerdung, aus der Beziehung der Eltern ausgeschlossen zu sein. Das Kind in der ödipalen Phase wird seiner Eltern bewusst, die miteinander eine intime Beziehung haben, von der es ausgeschlossen ist. Je nachdem, wie die Triangulation zwischen den Eltern und dem Kind verläuft, kann sich zum Beispiel das kleine Mädchen liebend-werbend an den Vater wenden und die Möglichkeit in Kauf nehmen, dass er ihre Liebe nicht erwidert und sie solcherart enttäuscht und erniedrigt ist. Die Freud'sche Position sieht in einem Gefühl der genitalen Beschämung und der Minderwertigkeit den entscheidenden emotionalen Anreiz für das sich entwickelnde Mädchen, eine ödipale Beziehung zum Vater aufzunehmen.

Diese Gefühle der Scham auf ödipaler Ebene sind eingegrenzter und benennbarer als die früheren Gefühle der Unvollständigkeit und Fehlerhaftigkeit, die sich in der »Urscham« manifestieren. Diese früheste Erfahrung eines »mangelnden Zusammenpassens« zwischen Mutter und Kind weckt in dem Kind das Gefühl, wie es William R.D. Fairbairn (1952) ausgedrückt hat, dass es seine eigene Art zu lieben ist, die sich zerstörerisch auswirkt. In der Folge führt die Urscham zu einer viel grundlegenderen und umfassenderen Selbstverdammnis als die ödipale Scham, da hier »nur« die eigene Feindseligkeit dem gleichgeschlechtlichen und die sexuellen Gefühle dem gegengeschlechtlichen Elternteil gegenüber beschämend sind, nicht die eigene Art und Weise des Seins.

Die ödipale Liebe ist nach klassischer psychoanalytischer Sichtweise die Grundlage gesunder Liebesbeziehungen zu ganzen Objekten. Wie Thomas H. Ogden (1995, S. 115) bemerkt: »Scham und ein Gefühl eigener Fehlerhaftigkeit sind nicht der Stoff, aus dem gesunde Liebesbeziehungen erwachsen.« Eine ersatzpartnerschaftliche Bindung des Kindes an einen Elternteil oder eine Parentifizierung des Kindes sind beides Formen verunglückter Triangulierung, die beim erwachsenen Menschen zu einer grundlegenden Störung der Beziehungsfähigkeit führen.

Die ödipale Situation, so kann man zusammenfassen, ist mindestens genauso sehr eine Tragödie der Scham wie ein Drama der Schuld und Kastrationsangst. In der Bezugsgruppe kann dies zu dem Gefühl führen, als weniger kompetent, kleiner oder minderwertiger anderen gegenüber zu sein. Es geht dabei auf der Erlebensebene um das *Ausgeschlossensein*, das zutiefst beschämend ist, und um die eigenen feindseligen, rivalisierenden und liebenden Gefühle, die als beschämend erlebt werden: »Aus dem Erlebnis des Ausgeschlossenseins aus der elterlichen Urszene wird das Alleinsein mit sich« (Kapfhammer 1995, S. 177).

Aus selbstpsychologischer Perspektive erfolgt die Abwehr gegen ödipale Strebungen nicht aus Angst vor ödipaler Triebhaftigkeit, wie aus angeborenen, rivalisierend-aggressiven Gefühlen dem gleichgeschlechtlichen Elternteil gegenüber, sondern »aus der Schamangst heraus, dass Selbstobjektbedürfnisse, wie zum Beispiel nach Bewunderung der ödipalen Kraft und des entsprechenden Selbstvertrauens, erneut zurückgewiesen werden und damit eine Retraumatisierung zur Folge haben könnten« (Mertens 2011, S. 42).

Psychodynamik der Schamabwehr

Eine genaue Sensibilisierung für die Zusammenhänge zwischen Scham und ihrer Abwehr ist unerlässlich für die spätere therapeutische Behandlung von Schamkonflikten. Das komplexe Zusammenwirken der Emotion Scham, ihren Bewältigungs- und Abwehrmechanismen und die Verbindung zu inneren Bewertungsinstanzen zu verstehen hilft in der therapeutischen Praxis ungemein, zum Beispiel um die plötzlichen Stimmungs- und Themenwechsel zu erklären, die auf die Auswirkung von unvermutet auftretenden Schamgefühlen zurückzuführen sind. Ebenso können bestimmte hartnäckige Übertragungs-Gegenübertragungs-Muster besser verstanden werden, wenn man die Relevanz von Schamkonflikten mit einbezieht.

Es gibt sehr unterschiedliche Wege, Schamgefühle abzuwehren und zu verzerren, damit sie erträglicher erscheinen. Die Art und Weise, wie wir mit Schamgefühlen umgehen, verweist damit auf unsere grundlegende Charakterstruktur, unsere gesamte Persönlichkeit und die in unserer Biografie gesammelten Erfahrungen mit solchen Schamszenen. Für viele Menschen stellt Scham das als am unangenehmsten empfundene Gefühl dar. Daraus ergibt sich, dass die Abwehr der Scham eine zentrale Rolle einnimmt und unter anderem auch bestimmt, welchen Situationen wir uns aussetzen und welche wir vermeiden. Es gibt Individuen, die durch ihre Familiengeschichte die Schamerfahrung als so »toxisch« erlebt haben, dass sie versuchen, diese später um jeden Preis zu vermeiden. Sie bedienen sich dann unbewusst »ausgeklügelten Verbergungsstrategien«, um Scham im Erwachsenenleben zu vermeiden.

Diese Abwehrmechanismen sind als nicht bewusste Strategien zur emotionalen Regulation zu verstehen (Schore 2007) und äußern sich in Affektvermeidung, Affektminimierung oder Konvertierung von Affekten, die unerträglich sind – besonders durch Vermeidung, Verdrängung, Dissoziation und projektive Identifikation. Allgemein betrachtet, kann Scham durch eine große Bandbreite komplexer Mechanismen umgangen, verleugnet, verdrängt oder als Reaktionsbildung verwandelt werden. Zusammenfassend stellt Scham in manchen Fällen einen traumatischen, imperativen Affekt dar, der die psychische Abwehr fast blitzartig mobilisiert, wann immer es nötig ist.

Der Abwehrmechanismus der *Verdrängung* bildete die Grundlage von Freuds Verständnis des *dynamischen Unbewussten*. Die Funktion von Abwehrmechanismen besteht aus heutiger Sicht ganz allgemein darin, die Psyche und das Gehirn vor zu großen Affektmengen zu schützen. Als Teil ihrer evolutionären Funktion funktioniert *Dissoziation* ebenfalls als ein Abwehrmechanismus, der aber grundlegend verschieden ist von der Verdrängung. Dissoziation, wie Philip M. Bromberg (2011) betont, ist nicht einfach ein anderer Name für das, was Freud »Verdrängung« genannt hat. Verdrängung ist ein Abwehrmechanismus, der als psychische Reaktion auf Angst – auch in Form von Schamangst – auf dem Plan erscheint. Dissoziation dagegen wird heutzutage als ein psychodynamischer Abwehrprozess verstanden, der als Reaktion auf ein Trauma auftritt – als chaotische, überfordernde und nicht regulierbare Affektüberflutung, die die Psyche ergreift und somit die Stabilität der Selbstheit unterminiert. Als Resultat werden zwei oder mehrere psychische Prozesse nebeneinander bestehen, ohne verbunden oder integriert werden zu können. Mit einem solchen Aufspalten wird ein intrapsychischer Konflikt nicht einfach unangenehm, sondern *unaushaltbar*.

Nach heutiger psychoanalytischer Erkenntnis bedeutet Dissoziation somit einen Mangel an normaler Integration von Gedanken, Gefühlen und Erfahrungen im Strom von Bewusstsein und Erinnerung. Bromberg (2008) beschreibt, in welchem Ausmaß eine dissoziierte traumatische Erfahrung dahin tendiert, unsymbolisiert in Gedanken und Sprache zu verharren, als eine abgetrennte Realität außerhalb des Selbstausdruckes existiert, von authentischer menschlicher Bezogenheit abgeschnitten ist und nur abgestumpft mit dem Rest der Persönlichkeit am Leben teilnimmt.

Da Scham immer im Kontext der Angst vor Affektüberflutung als Folge einer Traumatisierung auftaucht, wirkt sie so gesehen wie ein Mikrotrauma, das augenblickliche Dissoziation auslöst (Schore 2007; Bromberg 2011). Ein wichtiger Teil dieser Erfahrung ist der Verlust der Erinnerung. Daher wird sie auch nicht in einer potenziell korrigierenden, produktiven Weise verarbeitet. Zusätzlich löst das Sprechen über die Scham noch mehr Scham aus, sodass sich das Trauma und die dissoziierte Abwehr in der psychotherapeutischen Sitzung wiederholen. Die *Dissoziation der Scham als Folge einer Traumatisierung* ist ein essenzieller Faktor, der das Verständnis der Schamdynamik bereichert.

Interpersonelle und intrapsychische Abwehr der Scham

Der eigentliche Affekt der Scham – so lässt sich festhalten – ist schwer zu fassen. Der Analytiker Léon Wurmser (1990, S. 25) schreibt dazu, dass Scham in ihren typischen Grundzügen eher komplex und variabel sei, eher eine ganze Palette von eng verwandten Affekten als ein simpler, klar abgegrenzter Einzelaffekt. Sie gehe auf der einen Seite in Stimmungen und auf der anderen Seite in Charakterhaltungen über. Oft seien Schamprobleme durch andere Emotionen, meist Angst, maskiert. Scham sei darüber hinaus eine sehr interaktive Emotion, das heißt, dass Scham nur kurz aktiv sei, ohne andere Emotionen auszulösen. Fast immer sei ein negatives Selbstwertgefühl eine Folge starker Scham.

Wurmser (ebd.) stützt sich in der Erforschung der Scham auf drei Formen der Scham, die er durch ihr unterschiedliches Verhältnis zur Zeit charakterisiert:

1. »Schamangst«, die im Hinblick auf etwas noch Bevorstehendes existiert,
2. der »eigentliche Schamaffekt«, der in der Gegenwart als unerträgliches Gefühl erlebt wird, sowie
3. die vorbeugende Einstellung als Charakterhaltung, die in Form einer Reaktionsbildung, das heißt als eine Art der Abwehr, die beiden anderen Formen der Scham verhüten soll. Diese Form bezeichnet er auch als »Maskierung der Scham«. Sie kann in unterschiedlichen Verhaltensweisen und Charakterhaltungen auftreten.

Die Grundbefürchtung ist bei allen drei Formen dieselbe, nämlich als schwach angesehen und mit Verachtung abgewiesen zu werden.

Von Wurmser (ebd.) stammt das hilfreiche Konzept der *Bipolarität* der Scham. Er geht davon aus, dass es im Schamerleben zwei Pole gibt, einen *Objekt-* und einen *Subjektpol*, ein »Wovor« und ein »Wofür«. Auf der einen Seite steht der Mensch oder stehen die Menschen, vor denen man sich schämt – der Objektpol. Dieser ist häufig durch das Auge des Beobachters, durch seinen strafenden Blick, seinen missbilligenden Ausdruck symbolisiert. Dieser Objektpol ist ursprünglich immer eine Person gewesen, die im Laufe der psychischen Entwicklung verinnerlicht wurde, also durch den Vorgang der Introjektion als innere Repräsentanz ins Über-Ich gelangte. Das »Wofür« der Scham benennt die Schaminhalte, den Subjektpol. Wurmser beschreibt dieses Wofür, den »Kern des Subjektpols der Scham«, als den »dreifache[n] Makel von Schwäche, Defekt und Schmutzigkeit« (ebd., S. 60). In der therapeutischen Praxis ist es das *innere Schamgefühl*, also die Verinnerlichung der beiden Pole des Wovor und Wofür, das von Interesse ist und behandelt werden soll.

Scham ist ein Affekt, der nur in seltenen Fällen »direkt« sichtbar wird. Wenn man sich schämt, versucht man oft, über die Scham hinwegzugehen, sie zu verdrängen und sie durch ein anderes, weniger unangenehmes Gefühl zu ersetzen. Scham erscheint daher zumeist indirekt in ihrer Maskierung und Verhüllung. Wie Helen Block Lewis (1971) beschrieben hat, wird die Scham als eine »Implosion« oder momentane Vernichtung des Selbst subjektiv erlebt.

Prinzipiell können die Abwehrmechanismen der Scham grob in die Bewältigungs- und Abwehrmechanismen des *Rückzugs*, der *Vermeidung*, des *Verschwindens* und der *Aggression* (*gegen sich selbst* und *gegen andere* gerichtet) unterteilt werden (Nathanson 1992). Schwerere Formen der Schamangst äußern sich hingegen im Erstarren in völliger Lähmung und in Leeregefühlen – subjektiv häufig empfunden als die Verwandlung in ein unbelebtes Objekt. Die radikalste Auflösung stellt der Suizid dar, der in massivster Form das Verschwinden ausdrückt (»Ich möchte vor Scham am liebsten sterben«). Bei vielen Suiziden muss eine schwere, nicht zu bewältigende Scham und Schande in Betracht gezogen werden, die dem Betreffenden als einzige Möglichkeit, damit umzugehen, das völlige und existenzielle Verschwinden übrig ließ.

In der therapeutischen Situation kann das »Verschwinden« in vielfältiger Form erscheinen. Bestimmte Themen, die in unmittelbarer Nähe zur Scham stehen, können verschwinden. Aber auch der Patient selbst kann verschwinden. In einigen Fällen muss man bei Therapieabbrüchen an eine unausgesprochene und unaussprechliche Scham denken, die so weit führt, dass der Patient nicht mehr erscheint. Auch in einer gewissen Sprachlosigkeit des Patienten (im Sinne eines »Heute habe ich nichts zu sagen«) kann sich das Verbergen eines Schamkonflikts äußern.

Eine weitere Form des Verschwindens bzw. Nicht-sichtbar-Werdens kann sich als Konturlosigkeit der Persönlichkeit oder als eine ungenügende Konkretisierung von Themen und Situationen im Gespräch zeigen. Dies kann sich in der Form des »leeren Redens« ausdrücken, in dem nichts Essenzielles und Bedeutsames ausgedrückt wird. Wenn Patienten kein deutliches Bild im Therapeuten hinterlassen, erscheint es angemessen, an unbewusste Schamgefühle zu denken. Oft breitet sich ein Gefühl von Sinnlosigkeit und vor allem von Langeweile im Patienten selbst aus. Diese Langeweile kann sich in der Gegenübertragung auch im Therapeuten ausbreiten und könnte ihn vermuten lassen, dass eventuell ein Thema tiefer Selbstwertproblematik und Scham vermieden wird. »Wenn Gefühle an sich als unpassend angesehen werden, wenn ihr Glanz sozusagen ausgelöscht wird«, so Wurmser (1990), »dann zieht der feuchtkalte Nebel der Langeweile auf« (S. 308).

Eine häufig zu beobachtende, »gesunde« und quasi sublimierte Form, um mit einer Schamsituation umzugehen, ist der *Humor*, das Lachen. Im Lachen kann der Mensch immer eine Distanz zu schmerzlichen Affekten wie der Scham herstellen: »Der Humor relativiert das Prinzip der beschämenden Lieblosigkeit, das das Leben in Schamangst erstarren lässt« (Titze 2004, S. 322). Zu dieser Art des sublimierten Umgangs mit Scham, die einen Abstand von eben diesem unangenehmen Gefühl voraussetzt, sind Patienten häufig nicht fähig. Gerade soziophobische Menschen sind tendenziell eher humorlos und besitzen selten eine gesunde Form der Selbstironie. Eine entspannte Selbstsicht kann daher besonders hilfreich sein, wenn diese Patienten erstmals über ein Lachen Distanz zur Absurdität der sozialen Befürchtungen bekommen: »Wer schon über sich selbst lachen kann, ist nicht mehr ganz so krank« (Hoffmann 2008, S. 43).

> Eine Patientin, die zu Beginn der Therapie unter starken Panikanfällen litt, die aber nach einem halben Jahr Behandlung abgeklungen sind, sagt unter ungläubigem Kichern: »Sie glauben es nicht, ich habe gestern den Satz des Tages gebracht, da ist mir doch glatt einer Freundin gegenüber rausgerutscht: ›Ich hab Angst, weil ich *keine* Panikattacken mehr habe!‹ Das ist doch wirklich absurd-komisch: Zuerst hatte ich Angst *während* der Panikattacken, dann Angst, *dass* ich welche bekomme, und nun habe ich Angst, wenn ich *keine* bekomme!«

In der Therapiesituation kann eine übertriebene Heiterkeit und Fröhlichkeit allerdings unter anderem darauf hinweisen, dass Schamgefühle und -themen von Patient und Therapeut gemeinsam vermieden werden. Diese von Helen Block Lewis (1971) als »umgangene Scham« (»bypassed shame«) beschriebene Reaktion kann sich in der Therapiesituation durch Schwindelgefühle beim Therapeuten in der Gegenübertragung äußern, die darauf hinweisen, dass man das Gefühl hat, »den Boden zu verlieren«.

Eine andere Form, mit Schamgefühlen fertig zu werden, besteht in der exzessiven Kontrolle der Gesichtsmuskeln – praktisch das Gegenstück zum Lachen in der »gesunden« Reaktion. Das Gesicht und die Mimik werden extrem starr und ausdrucksarm, um ein mögliches Auftreten der Schamreaktion zu vermeiden. Den Versuch, einen Zustand chronischer Scham dauernd unter Kontrolle zu halten, kann man im »frozen face«, im »eingefrorenen Gesicht«, »Fischgesicht« (Hilgers 2006) oder »Pokerface« beobachten. Es bedeutet das fast vollständige Einfrieren der Gesichtsmimik, um einer eventuellen Entblößung vorzubeugen.

Dieses Erstarren kann die ganze Körpersprache und den Körperausdruck betreffen; die Gangart kann marionettenhaft und steif wirken.

Die Schamangst ist ein weitaus größeres Problem als die eigentliche Scham. Wie vieles, was wir befürchten, ist die Antizipation schlimmer als die Wirklichkeit. Somit ist die Mischung aus Scham und Angst schwerer zu ertragen als die Scham allein. Eine der problematischsten Eigenschaften der Angst – ob nun der Schamangst oder anderer Angstformen – ist die aus ihr resultierende Vermeidungshaltung. Diese Vermeidung führt dazu, dass keine Möglichkeit mehr besteht, sich mit den Angst auslösenden Situationen oder Gefühlen zu konfrontieren – somit wird ein sich selbst perpetuierender Mechanismus in Gang gesetzt. Die Angst vor Liebes- oder Objektverlust ist in den häufigsten Fällen der Ursprung dieser Verleugnung. Schamängste kann man sich – ebenso wie Bestrafungsängste – auf einem Kontinuum vorstellen: Je nach Mentalisierungsgrad des Schamaffektes ergibt sich ein breites Spektrum, und zwar angefangen bei Fragmentierungsängsten über schwere hypochondrische Befürchtungen, verrückt zu werden, bis hin zu ängstigenden Vorstellungen vor Erniedrigung und Beschämung.

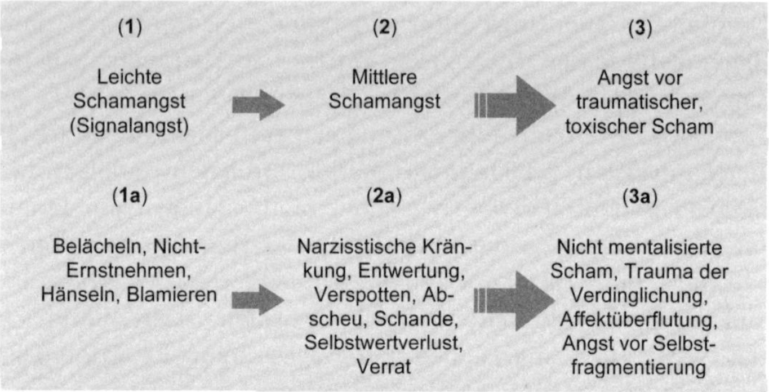

Kontinuum der Schamängste als Intensität der befürchteten Zurückweisung

Extreme Formen des seelischen Rückzugs, des Gefühls, »ein Nichts« und »Dreck« zu sein, und zu Eis oder Stein zu erstarren, können sich regelmäßig in schweren Persönlichkeitsstörungen finden.

In Therapiesitzungen kann aber auch das andere Extrem zur Schamangst auftreten, nämlich dass eine »Flucht nach vorne« im Sinne einer Überkompensation angetreten wird, um die Schamängste und Peinlichkeitsgefühle durch ein forsches und polterndes Auftreten zu überdecken. Es ist möglich, dass versucht wird, eine übergroße, fast »kumpelhafte Nähe« herzustellen.

Ein narzisstischer Patient, der sich etwas polternd und distanzgemindert präsentiert, sagt im ersten Vorgespräch:

P: »Kann ich Sie nicht eigentlich duzen, wir sind ja etwa im selben Alter?«

T: »Auch wenn ich Therapeut bin, bin ich ja doch ein wildfremder Mensch für Sie. Es ist vielleicht unangenehm, dass Sie einem noch Unbekannten intime Sachen von sich mitteilen.«

P: *(leicht beschämt)* »Na ja, das ist ja auch wirklich eine eigenartige Situation hier: Ich soll alles von mir preisgeben und Sie hören einfach nur zu, ich erfahre ja nichts über Sie.«

T: »Da können sich schon Ängste einstellen, zurückgewiesen zu werden mit dem, was man von sich preisgibt.«

P: »Ich zeige mich ja hier auch nicht gerade von meiner besten Seite, ich will mich eigentlich so nicht sehen. Irgendwo ist da schon so eine Angst, zurückgewiesen zu werden, in meiner Jämmerlichkeit nicht wertvoll zu sein.«

T: »Und das Duzen wäre eine Möglichkeit, diese Ängste ein bisschen besser in Schach halten zu können.«

Unerträgliche Schamgefühle können durch erträglichere Schuldgefühle ersetzt werden. Dabei spielt die Verwandlung der Scham- in Schuldgefühle, bei denen es um eine konkrete Tat oder einen Gedanken geht, eine besonders große Rolle. Der Scham geht keine Ambivalenz und damit kein Konflikt voraus. Der Beschämte steht daher auch nicht am »Scheideweg«, ihm bleiben weder Wahl noch Ausweg (Bastian 2006). In dieser Ausweglosigkeit liegen die Unterschiede zwischen Scham- und Schuldgefühlen begründet. Eine möglicherweise passiv zu ertragende Scham wird aktiv umgewandelt, indem der Betreffende jemand anderen beschämt, um seine eigene Scham nicht erleben zu müssen. Schuldgefühle sind enger mit inakzeptablen Verhaltensweisen verbunden, Scham dagegen ist eine Emotion über das Selbst, die verinnerlicht wird, bevor die Fähigkeit vorhanden ist, zwischen Handeln und Selbst zu unterscheiden (Cozolino 2007). Im Gegensatz zu Schuldgefühlen, die man dadurch lindern kann, dass man um Vergebung bittet, bietet Scham nicht die Möglichkeit, sich davon zu befreien.

Ebenfalls eine Schamabwehr ist die exzessive Zurschaustellung, der *Exhibitionismus* – quasi eine »Verkehrung ins Gegenteil«. Er soll die abgewehrten Gefühle von Minderwertigkeit, Unterlegenheit und Unsicherheit verbergen und stellt eine Form von Reaktionsbildung gegen Schamgefühle dar. Diese Verkehrung ins Gegenteil zeigt sich in Protzigkeit, überzogenen Größenvorstellungen und Spott über andere. Diese Grandiositätsvorstellungen werden von einem Selbst »konstruiert«, das in ständiger Gefahr ist, sich selbst wertlos zu fühlen. Diese narzisstische Grandiosität will im Grunde genommen Scham verbergen, erschafft aber auch häufig im Gegenüber eine bestimmte Art der Scham – die stellvertretende Scham, das »Fremdschämen«.

Wenn sich die Aggression depressiv-masochistisch gegen das eigene Selbst richtet, steht meist die mit Scham verbundene Angst vor dem Verlassenwerden oder der Trennung von anderen Menschen im Hintergrund. Das Individuum greift sich selbst an, um die Verbindung zum anderen aufrechtzuerhalten – auf Kosten des eigenen Selbstwertgefühls. Diese bestimmte Form der Selbstanklage, die sich häufig bei depressiven Patienten findet, hat einen selbsterniedrigenden Charakter, der meist den Beigeschmack des Masochistischen und Schamlosen beim Beobachter dieser »exhibitionistischen Selbstbeschmutzung« hinterlässt.

Die Wendung der Aggression gegen andere ist die Kehrseite der oben beschriebenen Wendung der Aggression gegen das eigene Selbst. Diese Abwehrbemühung der Wendung von passiv zu aktiv stellt eine weitere Art dar, um mit unerträglicher Scham umzugehen. Es ist unter Umständen leichter, ein »Täter« zu sein, als weiterhin ein »Opfer« der eigenen Schamgefühle zu bleiben. Andere Personen werden als lächerlich und verachtenswert hingestellt und Demütigungen (Externalisierung) werden provoziert. Affektpsychologisch bilden Verachtung und Ekel Pole eines Kontinuums zwischen sinnlich, leiblich ausgelöstem Ekel auf der einen und einem auf der Basis von Werthaltungen beruhenden Gefühl der Verachtung auf der anderen Seite. »Das Zeigen von Ekel ist der Versuch, den anderen so einzuschüchtern und zu entwerten, dass er sich schämt«, schreibt Hans-Jürgen Wirth (2010, S. 87). Abscheu kann in der Mitte dieses Kontinuums eingeordnet werden (Kluitmann 1999).

Die Verachtung ist dabei das soziale Derivat des Ekels, sie intendiert Scham beim anderen. In mehrfacher Hinsicht gibt es Verbindungen zwischen den Affekten der Scham und des Ekels. Beide sind negative, aversive Gefühle, Scham richtet sich gegen das Eigene, Ekel gegen das Fremde. Beide sind sehr körpernahe Affekte, Scham kann genauso wie Ekel sowohl in passiver als auch in aktiver Form auftreten: Wir werden von jemandem beschämt oder angeekelt, können aber gleichzeitig auch jemanden beschämen oder anekeln.

Ähnlich wie Verachtung stellen *Wut* und *Ärger* Strategien dar, um mit unerträglichen Schamgefühlen umzugehen und diese durch erträglichere Affekte zu substituieren. Somit können Wut- und Verachtungsgefühle als eine weitere »Überlebensstrategie« gegen Scham angesehen werden. In enger Verbindung mit Verachtung und Wut kann *Arroganz* zweierlei bedeuten: einerseits Überheblichkeit, andererseits Abwertung anderer.

Die meisten narzisstischen Wutreaktionen sind momentane Schamerfahrungen aus Situationen, in denen sich das Individuum selbst unbedeutend und übergangen gefühlt hat. Wut wird oft benutzt, um die zugrunde liegende Scham zu verdecken. Um die toxischen Schamgefühle abzuwehren, die durch andauernde und wiederholte narzisstische Verletzungen verursacht worden sind, wird Wut eingesetzt. Andrew P. Morrison (1998) hat darauf hingewiesen, wie wichtig es ist, neben der aggressiven Komponente im Kern der Wut die Scham zu sehen: »Dynamisch gesehen, stellt Wut eine zeitweise Umkehrung der *Passivität* dar, die die Scham begleitet (oder auslöst)« (S. 94).

Wenn in der Kindheit der Selbstausdruck des Kindes wiederholt unterbunden wird, führen diese Verletzungen des kindlichen Narzissmus zur Schamwut, die speziell für narzisstische Pathologien als das entscheidende Gefühl identifiziert worden ist (Krause 2001). Diese Schamwut (»shame-rage«) ist die gefühlsmäßige Reaktion auf Zurückweisung und dient oft dem Versuch, die eigene »Würde« wiederherzustellen. Somit ist die Schamwut auch ein verzweifelter Versuch, das Selbstwertgefühl wiederaufzurichten. Dies kann auf individueller, aber auch auf kollektiver, gesellschaftlicher Ebene geschehen und steht mit von außen zugeführter Beschämung in Zusammenhang.

Tatsächlich treibt die Suche nach Rache für vergangene Beleidigungen und Beschämungen Menschen häufig in Situationen, die physisch sehr gefährlich sind. Ein großer Teil der politischen Aggression und Gewalt heutzutage ist durch nationalistische und ethnische Identifizierungen bedingt, die in einem Kollektivgefühl der Gefährdung und vergangener Demütigungen verwurzelt sind (Fonagy et al. 1993; Krause 2001). Diese Angst vor retraumatisierender Demütigung stellt somit individuell wie kollektiv eine Quelle der Gewalt dar. Man könnte somit sagen, dass die Mischung aus gekränktem Stolz und Beschämung ein »fruchtbarer« Boden für Gewalt darstellt.

Als eine andere Abwehr gegen Scham kann *Neid* betrachtet werden. Subjektiv ist Neid jener Affekt, in dem man *Ungleichheit* mit *Ungerechtigkeit* gleichsetzt. In dieser Hinsicht stellt Neid einen seelischen Schmerz dar, der durch die Wahrnehmung der Diskrepanz zwischen Real-Selbst und Ideal-Selbst auftritt. Wurmser (1990) weist darauf hin, dass im Zutagetreten des Neidgefühls immer ein bewusstes oder unbewusstes Gefühl der »schmerzhaften Ungleichheit« mitschwingt, gewöhnlich mit Schamcharakter. Damit Neidgefühle einem mächtigen Objekt gegenüber auftauchen, muss somit das Objekt mit dem schambeladenen, inkompetenten Selbst verglichen werden. Der Vergleich mit dem anderen und die daraus resultierende relative Negativität oder das relative Defizit bewirken letztlich Scham. Neid dient somit als Affektabwehr gegen Scham und ist eine der vielfältigen Affektumkehrungen. Wie Donna M. Orange (2004) halte ich es daher für sinnvoll, »Neid in den meisten Fällen als einen Beziehungsausdruck von Scham« (S. 136) zu verstehen, also als Ausdruck einer schweren Entwertung des Selbst.

Zusammengefasst können die Gefühle des Ärgers, der Wut, der Verachtung und des Neids die Funktion erfüllen, sich gegen das Empfinden zu schützen, sich schwach, verletzlich und beschämt zu fühlen. Verachtung oder Geringschätzung lassen sich dergestalt konzipieren, dass die Scham, die man sich selbst gegenüber empfindet, nicht direkt erfahren, sondern auf eine andere Person umgelenkt wird im Sinne einer Externalisierung auf eine Person, die entweder Ähnlichkeit mit dem eigenen Selbstgefühl vorzuweisen hat oder über Eigenschaften verfügt, die man bei sich selbst vermeiden möchte. In der Verachtung wird Scham in den anderen »zurückverlegt« und dadurch von einem selbst entfernt. Verachtung kann somit als die projektive Identifikation der Scham verstanden werden.

In ähnlicher Weise dienen die Affekte der narzisstischen Wut, des Neids und der Arroganz dazu, ein grundlegend defizitäres Gefühl abzuwehren und zu externalisieren. Wenn das entwertende Introjekt erfolgreich externalisiert wurde, spürt das Individuum die tiefen Gefühle der Wertlosigkeit nicht mehr. Stattdessen wird der andere als defekt und wertlos angesehen, was wiederum die eigenen aggressiven Gefühle rechtfertigt. Intrapsychisch bleibt das Selbstbild relativ frei von schamerfüllten Defekten, da diese erfolgreich externalisiert werden.

Nach Melvin R. Lansky (2008) können in der konkreten klinischen Situation die Abwehrmechanismen der Spaltung und projektiven Identifikation als Zeichen dafür aufgefasst werden, dass im Gefolge einer narzisstischen Kränkung eine psychische Desorganisation eintritt und Versuche der Wiederherstellung stattfinden. Diese Abwehrmechanismen sind als Reaktionen auf drohende oder tatsächliche Beschämung aufzufassen bzw. als Versuche, der Beschämung dadurch auszuweichen, dass man das Gegenüber einschüchtert und Hilflosigkeit und Angst in ihm erzeugt.

In der psychotherapeutischen Situation erlebt der Therapeut die projektive Identifizierung als eine auf ihn einwirkende Kraft, die ihn drängt, sich in einen seelischen Zustand zu versetzen, den der Patient abgespalten hat und im Therapeuten unbewusst herbeizuführen versucht. Dies führt zu Kollusionen, in denen gerade narzisstische, antisoziale oder Borderline-Patienten durch eine einschüchternde und beschämende Art den Therapeuten entwerten, beschimpfen oder beleidigen. Besonders bei der Patientengruppe der impulsiv handelnden Borderline-Persönlichkeitsstörung führen narzisstische Kränkungen in und außerhalb der Therapiesituation zu einer Desorganisation sowie zu Prozessen der versuchten Wiederherstellung, die sich in typischer Dissoziation, in aggressivem verbalen oder tätlichen Ausagieren äußert. Ohnmacht und Scham werden in nähere Bezugspersonen oder in den Therapeuten *induziert* und durch Einschüchterung aufrechterhalten. Als solcher übt der einschüchternde Akt selbst eine strukturierende Wirkung auf die Person aus.

Psychotherapie von Schamkonflikten

Obwohl es keine vollständige Theorie der Scham, geschweige denn eine spezifische Therapiemethode gibt, lassen sich einige grundlegende Prinzipien darstellen, die sich bei der konkreten Bearbeitung der Schamdynamik als hilfreich erwiesen haben. Es besteht Übereinstimmung darin, dass Scham zuerst anerkannt und eingestanden werden muss, um therapeutisch bearbeitet werden zu können. Ohne die Einsicht in und das Wissen um die Natur der Scham wird ein Patient nicht in der Lage sein, diese besser zu bewältigen (Lewis 1991).

Der Therapeut befindet sich damit aber zwangsläufig in einem unauflösbaren Dilemma: Er muss die Scham des Patienten erkennen, benennen und interpretieren, ohne dass dadurch die schon bestehende, meist »umgangene« Scham unnötig vergrößert wird und ohne dass der Patient weiter fortfährt, sich zu verstecken. Dies ist nicht leicht zu bewerkstelligen, da die ganze Situation der psychodynamischen Therapie eine ist, die leicht eine Steigerung der Scham beinhaltet. Scham ist vermutlich der einzige negative Affekt, der deutlich an Intensität zunimmt, wenn man seine Aufmerksamkeit darauf richtet. Auf die Scham des Patienten hinzuweisen bedeutet, dass dies zunächst zu einer Steigerung (»Exazerbation«) der Scham führt.

Scham fühlt sich an wie eine unerwartete Bloßstellung, die einen defizitär und minderwertig erscheinen lässt. Das Selbst fühlt sich den Blicken des Anderen wie unter einem Vergrößerungsglas ausgesetzt. Für viele Menschen bedeutet Scham ein Gefühl innerer Minderwertigkeit, als ob etwas grundlegend falsch mit ihnen sei. Sie sprechen davon, sich »anders als andere« zu fühlen. Hier stellt sich die Nähe des Schamaffektes mit dem Selbstwertgefühl dar. Zur Scham gehört ein »Messen« des Selbstbildes, wie es ist, an jenem Selbstbild, wie es sein sollte. Die verurteilende innere Stimme sagt der schamgebundenen Person, dass sie nicht liebenswert, dass sie schlecht und minderwertig sei. Sie suggeriert damit die Vorstellung des »bösen Kindes«.

Aus intersubjektiver Sicht weist der pathogene Schamaffekt somit auf die frühen Beziehungen des Kindes zu den wichtigen Bezugspersonen hin und wirft die Frage auf, welche Resonanz das Kind erhalten hat, wie es – selbstpsychologisch ausgedrückt – in seinen Selbstobjektbedürfnissen gespiegelt wurde und inwieweit sich ein stabiles Selbstwertgefühl entwickeln konnte. Konnte sich das in der Entwicklung befindliche Individuum mit seinen kindlichen Insuffizienzgefühlen und seinen »negativen« Affekten angenommen fühlen? Wenn dies in unzureichendem Maße erfolgt ist, kann Scham später, im Erwachsenenleben, als extrem lähmend erfahren werden; sie überflutet unter Umständen die ganze Persönlichkeit, sodass eine Selbstfragmentierung droht. Je höher die Anforderungen an die Selbstvollkommenheit sind, die von diesem verinnerlichten Bild des Ich-Ideals ausgehen, umso leichter neigt das Individuum zu Minderwertigkeits- und Schamgefühlen.

Der Scham in der Therapie eine Sprache zu geben und diese überhaupt zurückzugewinnen ist jedoch nur eine Dimension des Prozesses; die grundlegenderen Dimensionen beinhalten die Identifizierung von negativen Bewertungen, Selbstverurteilungen in Form innerer Über-Ich-Attacken sowie die Verbindung dieser inneren verurteilenden Stimme – der Stimme des Introjekts – mit der ehemals beschämenden elterlichen Stimme. Damit verbunden müssen die beschämenden, relevanten Schamszenen wieder erinnert und in all ihren affektiv-leiblichen Dimensionen durchgearbeitet werden. Patienten können dabei die Sicherheit gewinnen, diese Gefühle mit einem bedeutsamen Anderen teilen zu können.

Die Wahrnehmung und das Erleben von Affekten können allgemein auf sehr unterschiedlichen Ebenen blockiert sein, je nachdem, ob bei dem Patienten eher eine *Konfliktpathologie* oder eine *ich-strukturelle Störung* im Vordergrund steht (Rudolf 2004). Im Falle einer neurotischen Konfliktpathologie wird das Ziel eher darin bestehen, den Zugang zu diesen blockierten Emotionen und deren Entstehungszusammenhängen zu ermöglichen. Bei Entwicklungspathologien und strukturellen Störungen auf Borderline-Niveau steht dagegen die Angst der Patientinnen und Patienten im Vordergrund, von diesen negativen Affekten überflutet zu werden.

Therapie schamvulnerabler Patienten

Scham, so könnte man postulieren, schützt die Selbstintegrität. Scham und die erfolgreiche Bewältigung von Schamerlebnissen spielen eine wichtige Rolle bei der Entwicklung und Aufrechterhaltung des Selbstkonzepts und der persönlichen Identität. Dieser »kleine Schmerz«, dieses maßvolle und dosierte Erleben von Scham, ist notwendig, um sich selbst infrage stellen zu können und somit zu lernen. Wenn der Schamaffekt nicht traumatisierend wirkt, entwickeln sich Ideale, Werte und Selbstkonzepte. Damit bricht der Schamaffekt quasi die intendierte Idealität.

Für die Psychotherapie ist es meines Erachtens von grundlegender Wichtigkeit, zwischen zwei Qualitäten der Scham zu unterscheiden: nämlich zwischen *natürlicher Scham* (im Sinne von »Würde«) und *Beschämung*. Die natürliche Scham bezeichnet jene Scham, die auftreten kann, wenn der Mensch etwas Intimes von sich preisgibt. Dabei geht es meistens subjektiv um die Frage nach der Reaktion der anderen nach dem Motto: »Hätte ich mich nicht doch lieber verbergen sollen? War es richtig, mich so zu zeigen?« Diese Qualität der Scham als Schutz der Intimgrenze muss von der Beschämung als einer von außen kommenden Bestrafung unterschieden werden. Der Satz oder die Botschaft »Scham dich!« wäre der direkteste Ausdruck einer Beschämung als pädagogische Maßnahme. Der Scham kommt aber nicht nur diese Schutz- und Wächterfunktion zu, sie führt auch zu einem Hinterfragen unseres aktuellen Identitätskonzepts. Dadurch, dass sie die Diskrepanz zwischen Ist- und Sollzustand anzeigt, hat sie eine identitätsfördernde Funktion.

Francis J. Broucek (1982, S. 371) betont ebenfalls die positive Funktion der Scham: In kleinen unvermeidbaren »Dosen« kann Scham die Selbst- und Objektdifferenzierung erhöhen und den Individuationsprozess unterstützen, da Scham mit dem akuten Bewusstsein eigener Getrenntheit vom bedeutsamen Anderen verbunden ist. In ähnlicher Weise beschreibt Micha Hilgers (2006) diese Relevanz von »dosierter« Scham für die Identitätsentwicklung: »In geringen Dosen, in angemessener Form, ist Scham für die individuelle Entwicklung förderlich: Sie spornt uns an, nach mehr Unabhängigkeit zu streben, Leistungen zu erbringen, die wir uns bisher nicht zugetraut haben – also unseren Idealen nachzukommen, den idealen Vorstellungen, die wir von uns als Person haben. Solange Scham diesen Aspekt hat, ist sie durchaus positiv. Erst wenn sie die Person überwältigt, hat sie unter Umständen sehr destruktive Konsequenzen« (S. 54).

Ärger statt Peinlichkeitsgefühle

Eine bulimische und soziophobische Patientin (Tochter eines Soldaten) erzählt von ihren Problemen auf der Arbeit mit ihrem Chef. Sie kreist dabei immer wieder um das für sie altbekannte Gefühl des Ärgers und der Enttäuschung.

P: »Ich habe oft das Gefühl, ich muss einen Krieg kämpfen, mich an vorderster Front schlagen. Bei der Arbeit bin ich der Sündenbock, aber er ist ja mein Chef und ich muss besonders freundlich sein. Da hat sich viel Ärger angesammelt. Ich brauche den eigentlich gar nicht!«

T: »Wie wir wissen, ist Ihnen Ihre Selbstständigkeit auf der einen Seite ganz wichtig. Könnte es aber sein, dass unter diesem ganzen Ärger aufgrund der Verletzung auch eine Scham liegt, weil Sie sich auf der anderen Seite die Anerkennung von Ihrem Chef wünschen und es Ihnen ganz peinlich wäre, sich das einzugestehen?«

P: »Das ist unangenehm, wenn Sie das sagen, aber da könnte schon was dran sein. Es ist für mich irgendwie viel angenehmer, ärgerlich zu sein, dann bin ich stark mit dem anderen beschäftigt und nicht mit mir. Ich hab mich aber schon geschämt, keine perfekte Arbeit abgeliefert zu haben. Das ist das allerhöchste Schamgefühl, ich habe mich total ertappt gefühlt. Das kenne ich von früher, aus der Schule, wenn mein Vater meine Hausarbeiten korrigiert hat. Ich habe mir dann auf die Zunge gebissen und wollte nicht, dass er meine Tränen sieht.«

T: »Da haben Sie versucht, ihre Verletzung zu verbergen und eine innere Formel entwickelt: ›Wenn ich mich mit meinen verletzten Gefühlen zeige und meinem Wunsch nach Anerkennung, dann werde ich beschämt und gedemütigt!‹«

P: »Ja, ich habe lange Zeit als Erwachsene gedacht, ich schäme mich für gar nichts. Scham fällt für mich in die Kategorie Schwäche. Inzwischen denke ich, dass ich früher total oft beschämt und bloßgestellt wurde. Auch die peinlichste Situation aus meiner Kindheit habe ich Ihnen bis jetzt noch nie erzählt. Da habe ich als Siebenjährige mit meiner besten Freundin Arztspielchen gemacht und wir haben uns unsere Geschlechtsteile gezeigt, plötzlich kam meine ältere Schwester herein. Die hat es meinem Vater gepetzt und der hat gesagt, dass man so was nicht macht, dass das böse ist.«

T: »Das ist tragisch, für etwas bloßgestellt zu werden, was in dem Alter ja ein Teil der natürlichen Neugier ist.«

P: »Das stimmt, ich hatte aber unterschwellig das Gefühl, mit mir stimmt irgendetwas nicht, ich bin anders als die anderen, irgendwie abnormal.«

T: »Und wenn man das Gefühl hat, abnormal und schlecht zu sein, dann darf man auch niemand anderen brauchen.«

P: »Ja, das nervt mich auch, dass ich andere doch brauche, dass mir das aber auch irgendwie peinlich ist.«

Die Funktion der Scham ist somit äußerst komplex, einerseits dient sie als »unentbehrliche Wächterin der Privatheit und der Innerlichkeit« (Wurmser 1997, S. 128), der Wahrung unserer Selbstgrenzen und der persönlichen Integrität. Andererseits dient die Scham in gesellschaftlicher Hinsicht, als »Hüterin der sozialen Anpassung«, dazu, Exhibitionismus und Voyeurismus entgegenzustehen. Ein Zurschaustellen unserer Gefühle – oder unserer Nacktheit – wird mit Isolation und Verachtung quasi gesellschaftlich sanktioniert. Jedes Gesellschaftssystem hat sehr feine Grenzen dafür, was zulässig ist, von sich zu zeigen. Ein Überschreiten dieser ungeschriebenen gesellschaftlichen Normen löst beim Betreffenden Scham aus. Wie der Psychologe Gershen Kaufman (1989, S. 5) so treffend schreibt, werden Antworten auf die Fragen »Wer bin ich?« und »Wo gehöre ich hin?« im Schmelztiegel der Scham geschmiedet.

Aus entwicklungspsychologischer Perspektive erleichtern Scham und Scheu die Entwicklung des Selbstbewusstseins, sie stärken das Gefühl für das Selbst und seine Begrenzungen und motivieren gleichzeitig zum Erwerb neuer Fertigkeiten und Kompetenzen (Kapfhammer 1995).

In der Unterscheidung von Joseph Sandler und Anne-Marie Sandler (1985) zwischen »Gegenwarts-Unbewußtem« und »Vergangenheits-Unbewußtem« nimmt die Analyse von Schamgefühlen eine zentrale Rolle ein. Das Gegenwarts-Unbewusste enthält zwar Wünsche, Gefühle und Impulse, die aus den Spuren des Vergangenheits-Unbewussten stammen, doch handelt es sich beim erwachsenen Patienten um dessen erwachsene Wünsche an seinen Therapeuten, die aus Scham und anderen schmerzlichen Gefühlen abgewehrt werden müssen. Deshalb ist für Analytiker wie Joseph und Anne-Marie Sandler und auch für Philip M. Bromberg (2006) die Betonung wichtig, dass Deutungen des Hier und Jetzt nur dann für den Patienten erträglich werden, wenn dafür gesorgt wird, dass er sich ausreichend *sicher* in der therapeutischen Beziehung fühlt. Diese »Hier-und-jetzt-Scham« und ihre behutsame Deutung in der Psychotherapie stehen daher an erster Stelle. Dies wird in anderen psychoanalytischen Auffassungen meist übersehen, da diese Scham verhindert, dass die Gefühle, Erinnerungen und Gedanken mitgeteilt werden.

Meines Erachtens besteht einer der Unterschiede in der Schambearbeitung in einer tiefenpsychologisch fundierten im Gegensatz zu einer rein psychoanalytischen Psychotherapie darin, dass in fokussiert arbeitenden Behandlungen die Schamkonflikte und -affekte zum großen Teil aktiver vom Therapeuten angesprochen und in das Zentrum der Behandlung gestellt werden. In einer hochfrequenten psychoanalytischen Behandlung besteht die Möglichkeit, sich ausgiebiger der Bearbeitung der biografischen Schamszenen zu widmen, die im Rahmen der freien Assoziation und durch die therapeutische Regression spontan aufsteigen.

Therapeutischer Takt als Schamsensibilität

Ein Zuviel der Scham – und schon zieht sich der Patient zurück, fühlt sich gedemütigt und beschämt; ein Zuwenig – und der Leidensdruck ist zu gering, um eine wirkliche Veränderungsbereitschaft zu erzeugen und die Affekttoleranz auszubauen. Léon

Wurmser (1990) hat daher in seiner Schamanalyse die Bedeutung des therapeutischen »Taktes« immer wieder betont. Das Wort »Takt« ist vom lateinischen »tangere«, das »berühren« bedeutet, abgeleitet. Dementsprechend kann man *Takt als die größtmögliche Achtung gegenüber dem Patienten* als jemandem verstehen, der sich in einer potenziellen Schamsituation befindet. Eine der wichtigsten Aufgaben eines geschickten Psychotherapeuten besteht darin, dass er versuchen muss, »den Narzißmus des Patienten vor ungebührlicher Verletzung zu bewahren und damit seine Neugierde zu vergrößern« (S. 428). Die Psychoanalyse ist nach Wurmser im Kern eine »Selbst-Beobachtung« und jede analytische Erkundung produziert auf eine bestimmte Weise Schamgefühle, gegen die sich der Patient immer wieder wehren wird.

Dem Psychotherapeuten kommt dabei die Aufgabe zu, dies empathisch und geduldig zu begleiten. Der »Takt«, der hierfür erforderlich ist, wird von Wurmser (1987, S. 224) als »die Bewusstheit der Schamnähe des Patienten« definiert. Dies hängt natürlich damit zusammen, ob wir unserem Patienten mit Respekt, nicht urteilender Akzeptanz und Wohlwollen begegnen und vor allem alles unterlassen, was seine Schamgefühle noch zusätzlich verstärken könnte. Nach heutiger relational-intersubjektiver Sichtweise entstehen Einsichten immer nur dann, wenn sich Patienten vor sich selbst, aber vor allem vor uns Therapeuten nicht mehr so schämen müssen, wie sie es vor allem zu Beginn der Therapie getan haben. Alle sogenannten aufdeckenden Therapien bewegen sich auf dem »Schauplatz der Scham«.

Das Verbergen der »dreckigen« Gefühle

Ein Patient erzählt einen Traum, in dem er mit seinem Doktorvater in einem Raum sitzt. Dieser ältere Herr stellt eine Instanz für ihn dar, der er gerecht werden möchte. Plötzlich muss er dringend auf die Toilette und schließt die Tür hinter sich. Während er beschäftigt ist, kommt auf einmal der Doktorvater zur Tür herein. Der Patient erschrickt und bemerkt in dem Moment, dass er Kot auf dem Klodeckel hinterlassen hat. Panisch versucht er, diesen zu beseitigen, verteilt ihn dabei aber immer mehr. Er breitet sich mit seinem ganzen Körper darüber, damit der Doktorvater dies nicht sieht.

In den Einfällen zum Traum berichtet der Patient über ein Telefonat mit seinem Vater, von dem er sich Zuspruch gewünscht, diesen aber nicht erhalten habe. Er habe sich aber nicht getraut, seine Enttäuschung und seinen Unmut zu äußern: »Ich spiele nach außen hin die ›schöne Seite‹, verberge aber meine wirklichen Gefühle.« Dies führt ihn zu der Erkenntnis, dass er sich häufig in Begegnungen so erlebt, dass er sehr viel tun muss, damit andere nicht dahinterkommen, wie sehr er sich verstellen muss und seine Gefühle verbirgt. Auch empfinde er häufig eine Anspannung im Anal- und Genitalbereich.

Auf den Traum bezogen, biete ich ihm zunächst die Formulierung an, dass es sicherlich ein »sehr unangenehmes Gefühl« gewesen sei im Traum, in so einer privaten Situation überrascht zu werden. Die Deutung der Scham wäre meines Erachtens an diesem Punkt zu überfordernd und überflutend für den Patienten gewesen, nachdem es schon einige Überwindung gebraucht hat, diesen Traum überhaupt zu erzählen.

Ein weiteres Klarifizieren und Deuten dieser Dynamik in der Übertragung ist erst im zweiten Schritt möglich, indem ich ihn darauf aufmerksam mache, dass er auch in der therapeutischen Beziehung sehr darauf bedacht scheint, einen »guten Eindruck« zu machen. Ich gebe zu bedenken, dass ich ihm vielleicht in der vorangegangenen Stunde zu nahe gerückt sei mit einer Deutung und er möglicherweise das Gefühl entwickelt habe, ich würde in seinen *privaten Bereich* eingedrungen sein.

Die Fokussierung auf die therapeutische Beziehung ruft augenblicklich eine Hier-und-jetzt-Scham in ihm hervor, sein Kopf fühle sich leer an, er fühle sich »wie im Nebel«. Durch das schrittweise Erforschen seiner Gefühle wird es ihm dann doch möglich zu äußern, dass er – wie der Doktorvater im Traum – bei mir Ekel und Abscheu erwarten würde, wenn er sich so zeigen würde, wie er ist.

In den folgenden Stunden können wir an diesem Scham-Ekel-Traum weiterarbeiten, sodass es ihm zunehmend möglich ist, sich auch einen mitfühlenden Blick des anderen vorzustellen, wenn er sich mit seinen »dreckigen« Gefühlen und psychischen Inhalten zeigt.

In der Psychotherapie spielt Scham vor allem als Faktor des *Widerstands* eine große Rolle, da Psychotherapie immer als Eingriff in die Intimsphäre eines Menschen erlebt wird und dementsprechend Schamgefühle weckt. Psychotherapie kann daher nur insofern erfolgreich sein, wie es gelingt, mit diesen

Schambarrieren taktvoll umzugehen. Helmut Remschmidt (1991) geht noch einen Schritt weiter, wenn er schreibt: »Besonders bei aufdeckenden psychotherapeutischen Verfahren muß die Technik speziell darauf eingerichtet sein, schockartiges Auftreten des Schamgefühls zu vermeiden und dosiert mit Enthüllung oder Aufdeckung der privaten Welt umzugehen« (S. 144).

Allgemein ist festzuhalten, dass in allen psychodynamischen Psychotherapien, die *aufdeckend* arbeiten, die Intimitätsgrenzen des Patienten gewahrt werden müssen, um das Überfluten von Scham- und Ohnmachtsgefühlen möglichst zu vermeiden. Der Therapeut muss unter Umständen das Bedürfnis des Patienten respektieren, sich hinter Schichten von Intellektualisierungen, Schweigen oder Rückzug zu verbergen.

Schon in den dreißiger Jahren des vergangenen Jahrhunderts hat der Freud-Schüler Otto Fenichel (1935) immer wieder betont, dort »zu arbeiten, wo der Affekt wirklich sitzt« (S. 329), und damit nach Möglichkeit an der Oberfläche zu beginnen, anstatt vorschnelle Tiefendeutungen zu formulieren. Die psychoanalytische Faustregel im Hinblick auf Deutungen lautet deswegen: »Von der Oberfläche zur Tiefe.« Scham, die den therapeutischen Prozess eher behindert, kann dann auftreten, wenn plötzlich Tiefendeutungen gegeben werden, die den Patienten beschämen und von denen er sich entblößt fühlt. Diese Tiefendeutungen sind oft für den Therapieprozess äußerst kontraproduktiv und können zum Teil auch therapeutische Sackgassen wie die »negative therapeutische Reaktion« und bestimmte andere hartnäckige, negative Übertragungs-Gegenübertragungs-Konstellationen erklären.

Keine Selbsterkenntnis findet ohne begleitende Schamkonflikte statt. Wenn der Psychotherapeut die Scham des Patienten übersieht oder ignoriert, kann dies als schwere Form des empathischen Versagens empfunden werden. Häufig stellt eben dieses schon in der Kindheit erlebte empathische Versagen die Quelle der Schamgefühle dar. In diesem Sinne kann es zu einer Retraumatisierung kommen, wenn Scham nicht akzeptiert und respektiert wird. Sehr allgemein gesprochen, hat der Patient den Wunsch, in der Therapie »gesehen« und »anerkannt« zu werden; dieser Wunsch ist jedoch mit der Angst verbunden, entblößt zu werden, und löst somit Schamangst aus. Diese Ambivalenz des Patienten zwischen dem Wunsch nach Gesehenwerden und der

Schamangst stellt eine besondere Herausforderung an die Sensibilität und Empathiefähigkeit des Therapeuten dar. Der Patient wird daher in der aufdeckenden Psychotherapie immer wieder zwischen Hoffnung und Schamangst hin- und herschwingen.

Selbstverurteilungen identifizieren – Schamprofil erstellen

Grundsätzlich gesprochen, geht es in der expliziten Schambearbeitung um die Erstellung eines »Scham-Profils«, wie es Gershen Kaufman (1989, S. 161) nennt, um den Patienten dabei zu unterstützen und anzuleiten, frühes Beziehungsversagen der Bezugspersonen zu identifizieren – und zu verstehen, wie die Scham in der Kindheit erzeugt wurde. Um diese verinnerlichte oder »toxische« Scham zu ihren interpersonellen Ursprüngen zurückzuführen, muss der Patient dabei unterstützt werden, sich jene *beziehungsrelevanten, intersubjektiven »Szenen« bewusst zu machen*, die ursprünglich das Gefühl der Beschämung hervorgerufen haben. Diesem Prozess der Auflösung der »Scham-Bindungen« gilt der besondere Fokus in der Behandlung. Aus der neurobiologischen Emotionsforschung von António Damasio (1994) wird diese Sicht bestätigt, da hier ebenfalls unbewusste visuelle »Szenen« hinter den Affekten vermutet werden.

Für die Patientinnen und Patienten, die an hypertrophierten Schamgefühlen leiden, ist es notwendig, dass der Therapeut sie einlädt und ihnen dabei hilft, jeden Affekt, jedes zwischenmenschliche Bedürfnis und jedes Gefühl zu *erleben*, zu *benennen* und letztendlich *anzuerkennen*. Das bedeutet: Die zentrale Frage ist nicht, was ein Patient in den »Tiefen seines Unbewussten« versteckt, sondern warum er aufgrund seiner Gefühle so beschämt und ängstlich ist und wie es uns gelingt, dass er diese unangemessene Scham, Schuld und Angst wieder verliert. Die innere Instanz, die den anderen Teil des Selbst chronisch beschämt, verachtet, attackiert, verlacht, erniedrigt und bestraft, rückt damit ins Zentrum der Behandlung. Nicht das Erleben von Emotionen per se ist Zweck der Psychotherapie, sondern die Bewusstmachung der negativen Gefühle, die untrennbar mit der *Bewältigung pathogener Überzeugungen* verbunden ist.

Ein Ausgangspunkt für die Bewusstmachung der chronischen, lähmenden inneren Überwachung, die schamgebundene Menschen ständig praktizieren, kann die Konfrontation und Erforschung mit kurz eingeschobenen Entwertungen wie »Ist natürlich blöd!« oder »Das ist mal wieder typisch!« sein, mit denen ein Patient seine Erzählungen durchsetzt. Wenn man den Patienten in seiner Erzählung und seinem Selbsterleben unterbricht und ihn auf die Selbstentwertungen hinweist, nach dem Motto: »Da gibt es eine Stimme in Ihnen, die ständig alles schlechtmacht« (Hilgers 2007, S. 10), bedeutet dies implizit, den Patienten darauf aufmerksam zu machen, dass es einen inneren Unterschied zwischen jenem harschen, erbarmungslosen, unversöhnlichen inneren Richter und dem Rest der Persönlichkeit gibt.

Einfach weg sein wollen

Eine Patientin beginnt die Stunde mit folgenden Worten: »Es ging mir gut die Woche über – auch schön, nicht ein schlechtes Gewissen zu haben. Sonst ist es immer so: ›Du *hättest* doch das und das machen sollen!‹ Diese Woche habe ich alles gleich erledigt, denn sonst gehe ich auch schlampig mit mir selbst um, der innere Druck steigt dann.«

T: »Brauchen Sie diesen inneren Druck?«

P: »Ich dachte immer, dass das zu mir passt, ich hab sonst immer diese depressiven Phasen gehabt. Sage mir dann innerlich: ›Das kriegst du sicherlich nicht hin!‹ Mache mich innerlich ganz schön runter.«

T: »Können Sie sich diese innere Stimme einmal vorstellen, vielleicht mit geschlossenen Augen?«

P: »Die ist leise und hart …«

T: »Welches Geschlecht?«

P: »Weiblich.«

T: »Können Sie ein Gesicht auftauchen lassen, dass zu dieser Stimme passt?«

P: »Im ersten Moment hab ich mich mir vorgestellt, nur älter, spitzer und härter … wie eine Karikatur von mir selber.«

T: »Und wenn Sie ein Gesicht aus Ihrer Vergangenheit dazu aufkommen lassen?«

P: »Dann am ehesten meine Mutter – aber das trifft es auch nicht unbedingt. Es ist eher ihre Gestik und Mimik, wenn sie ärgerlich ist.

So am ehesten: Ich verhärmt und mit der Gestik meiner Mutter. Meine Mutter ist noch verhärmter.«

T: »Fallen Ihnen spontan Situationen ein, die dazu passen würden – ohne dass Sie bewusst nachdenken müssten?«

P: »Mir wurde mal mein Fahrrad geklaut und ich habe es vier Tage meiner Mutter nicht erzählt. Hab Lügengeschichten erzählt und bin jeden Tag zu spät in die Schule gekommen. Habe befürchtet, dass meine Mutter das rauskriegt, dass ich es nicht abgeschlossen hatte. Ich hätte sie damit total enttäuscht, wir waren damals sehr knapp finanziell – das wurde immer schlimmer.«

T: »Sie haben es immer weiter aufgeschoben?«

P: »Ja, irgendwann sagte sie dann: Dein Fahrrad ist weg! Ich kam mir so feige und verlogen vor in dem Moment. Der Versuch, das zu verstecken, war viel schlimmer als der Verlust des Fahrrads.«

T: »Und Sie haben sich sehr geschämt?«

P: »Ja, total! Schon vorher. Ich wäre am liebsten weg gewesen … Ich hatte das Gefühl, dass ich damit total in Ungnade gefallen bin bei ihr. Vor allem, weil ich so feige war, ihr das zu sagen. Irgendwann war es dann wieder gut. Als Kind kam es mir aber so vor, als ob ich dadurch alles kaputt gemacht habe – hab mir vorgestellt, dass sie sagt: ›Ich will nichts mehr mit dir zu tun haben!‹ Nicht dass sie mich ins Heim geschickt hätte, das nicht, aber dass sie mich innerlich wegschickt, links liegen lässt. Ich frage mich jetzt, warum ich keinen Fehler machen durfte … ich war doch erst sieben Jahre, da kann man schon mal vergessen, sein Fahrrad abzuschließen. Was war denn so schlimm daran, dass ich ihr das nicht sagen konnte? Irgendwie ist die Geschichte ganz schön symptomatisch.«

Eine überwältigende Scham, brutale Selbstkritik und gnadenloser Perfektionismus sind allesamt ein Spiegel eines harten und strafenden Über-Ichs, das darauf hinweist, dass es im Kern unserer Erfahrung die Erwartung des Verlassenwerdens gibt, sobald wir die an uns gestellten Erwartungen nicht erfüllen. In frühen impliziten Erinnerungen werden daher tiefe Assoziationen zu Intimität, Angst, Liebe und Scham geschaffen, die der Kern unserer Bindungsmuster und unserer Fähigkeit zur Regulierung unserer Gefühle werden.

Diese Konfrontation mit dem Über-Ich-Urteil ermöglicht es in der Psychotherapie, sich in eine Position der Selbstdistanzierung begeben zu können und darauf hinzuweisen, wie das Sich-Besinnen und -Prüfen automatisch zum Be- und dann zum Verurteilen übergeht, das heißt, dass die Selbstverurteilung als Abwehr benutzt wird, um die schmerzhaften Gefühle zu vermeiden. Häufig räumen Patienten mit einer Mischung aus Erstaunen und Betroffenheit ein, dass diese inneren Selbstverurteilungen eigentlich ständig vorhanden seien.

Wenn sich solche Therapiesequenzen wiederholen, wird durch die Fokussierung des Therapeuten die »innere Urteilssucht« (Wurmser 1999, S. 18) allmählich ego-dystonisch. Es wird sozusagen ein Keil zwischen das verurteilende Über-Ich und den Rest des Selbst getrieben. Der Patient wird somit auf seine innere Strenge aufmerksam gemacht, die ihn überhaupt erst in die Lage versetzt, sich gegen die inneren Entwertungen zu empören. Gleichzeitig entsteht so etwas wie ein »Gegen-Über-Ich«, das sich der Patient allmählich an die Seite stellt. Zusätzlich wird der Patient durch diese Fokussierung eingeladen, eine Haltung einzunehmen, die zwischen Erleben und Erkunden abwechselt. Diese Fähigkeit des Wechsels zwischen Selbsterleben einerseits und Selbstdistanzierung als Reflexion andererseits ist eine der wesentlichsten Voraussetzungen psychischer Gesundheit.

Die explizit von Patienten in der Schilderung ihrer Erlebnisse eingestreuten Selbstentwertungen sind relativ leicht zu identifizierende Selbstanklagen. Schwieriger ist es dagegen, die *unbewussten* inneren Bewertungen, die sich oft nur in der psychischen, leiblichen oder emotionalen Konsequenz äußern, zu identifizieren und zurückzuverfolgen. Um den Teufelskreis der Scham und Selbstentwertung zu durchbrechen, müssen diese unbewussten inneren »Selbstgespräche« bewusst gemacht werden. Der Patient soll für seine alten Überzeugungen über sich selbst und die Welt sensibilisiert werden. Letztlich geht es um die Bewusstmachung des Über-Ich-Dialogs, der zu einer der Hauptquellen des inneren Leidens durch niedrigen Selbstwert, Schuld, Scham, Entwertung, Selbsthass und Selbstvorwürfe wird.

Um dies in der Therapie zu fokussieren, kann man Patienten einladen, ihre Aufmerksamkeit darauf zu lenken, wie sie mit sich selbst umgehen. Innere Stimmen zu »belauschen« wird zu einem wichtigen Zugang zu den biografisch verankerten Schamszenen. Ich halte Patienten zum Beispiel an, sich vorzustellen, dass sie einen Teil von sich selbst als einen *freundlichen Beobachter*, der ein bewusstes, achtsames und nicht urteilendes Zentrum bildet, zurückhalten. Dieser wohlwollend-beobachtende und selbstunterstützende Aspekt wird im Laufe der Therapie im besten Falle zu einer Art »Gegen-Über-Ich«, das dem harschen Über-Ich der Patienten ein Gegengewicht liefert.

Die negativen Selbstbilder, die in bestimmenden Szenen eingebettet sind, werden durch das therapeutische Vorgehen bewusst gemacht, indem man zum Beispiel sagt: »Spüren Sie, dass diese Stimme Ihrer Mutter/Ihres Vaters noch immer zu Ihnen spricht? Genauso wie die Mutter/der Vater Sie verurteilt hat, so verurteilen Sie sich noch immer selbst.« Patienten berichten immer wieder, dass sich diese Introjektionen der Stimmen der Eltern anhören »wie eine Schallplatte, die einen Sprung hat«, oder wie eine Endlos-Bandaufnahme. Wie der französische Psychiater Boris Cyrulnik (2011, S. 28) treffend formuliert: »In der Seele eines Beschämten lebt ein quälender Gegner, der ständig murmelt: ›Du bist erbärmlich!‹«

Dieses internalisierte Verhalten zentraler Bezugspersonen äußert sich bei Schuld- und Schamkonflikten dergestalt, dass der Patient sich selbst innerlich so konstant beschuldigt und beschämt, wie er früher von den Eltern beschuldigt und beschämt wurde. Beispielsweise sagt eine Patientin in der Therapie: »Die Korsettstangen, die ich mir selbst eingezogen habe, vermiesen mir ganz schön viel. Ich zensiere mich ständig selbst und will ein Bild vermitteln, das andere mögen. Ich möchte anerkannt werden wie die anderen. Deshalb halte ich alles zurück, was mich anders macht. Das führt aber dazu, dass ich 50 Prozent von mir selbstzensiert zurückhalte.«

Hinsichtlich der Bearbeitung von Schamkonflikten in der therapeutischen Situation ist es nach Günter H. Seidler (1995) wichtig, eine Differenzierung zwischen der ursprünglichen Scham und der darauf folgenden Selbstentwertung zu unterstützen: »Therapeutisch erscheint es oftmals ausgesprochen wichtig, auf dem Wege einer Affektklärung die entsprechende Beziehungskonstellation herauszuarbeiten und beispielsweise Scham und Selbstentwertung deutlich voneinander zu trennen« (S. 74). Das therapeutisch und psychopathologisch Bedeutsame ist nicht die Scham per se – wenn es auch wichtig ist, sie zu erfahren und zu akzeptieren, aber nicht dabei stehen zu bleiben –, sondern die von ihr zu differenzierende, ihr vorausgehende und folgende *Selbstverurteilung*. Letztendlich kommt keine konsequente Schamanalyse ohne die Bearbeitung dieser Verzweiflung aus, wie Seidler (1995, S. 46) treffend formuliert hat.

Die Hauptursache und eines der Prinzipien der Selbstverurteilung ist der bei schamvulnerablen Menschen ausgeprägte Perfektionismus, die »Krankheit der Idealität«. Ein inneres perfektionistisches System fordert zwangsläufig Vergleiche. Dieses »Du-sollst-Denken« (als Ausdruck des inneren Ich-Ideals) ist die direkte Folge des Perfektionismus und damit die Hauptursache für toxische Scham. Die Hauptaktivitäten des Über-Ichs sind die Selbstprüfung, -beobachtung und -bewertung. Vergleichen und Selbstverurteilung sind eng miteinander verwandt.

Wenn die Selbstprüfung gestört ist, dann resultiert daraus eine chronische Verurteilung der eigenen Fähigkeiten oder der Gesamtheit des Selbst – dann wird das Leben und das Selbst quasi durch eine Vergleichsbrille betrachtet: »Die Kluft zwischen dem, was ich bin, und dem, was ich gern sein möchte, ist eine wahrhaft traumatische Verwundung« (Cyrulnik 2011, S. 33). Eine Selbst*einschätzung* von einer Selbst*verurteilung* unterscheiden zu lernen ist daher von zentraler Wichtigkeit bei der Psychotherapie schamvulnerabler Patienten.

Das eigentliche Ziel einer Schambehandlung kann daher nur über die Veränderung des Introjekts durch den Prozess der therapeutischen Beziehung vonstattengehen.

Dieses Introjekt ist damit die eigentliche pathologische Entität im Subjekt und zentrales Objekt der Behandlung. Diese ich-syntonen Überzeugungen allmählich ich-dyston zu machen ist ein wichtiges Ziel einer jeden psychodynamischen Therapie. Sofern es dem Therapeuten gelingt, diese Muster und seine ihm in dem »Drehbuch für zwei Personen« zugedachte Rolle nicht nur mitzuspielen, sondern vor allem darüber zu reflektieren und die gewonnenen Erkenntnisse und Hypothesen dem Patienten näherzubringen, kann es dem Patienten gelingen, sich mit konstruktiveren Beziehungsmustern auch im Alltag zu beschäftigen.

Wiedergewinnung biografischer Schamszenen

Die erwähnte Selbstbeobachtung der inneren Stimmen ist eine wichtige Grundvoraussetzung für die Wiedergewinnung zurückliegender biografischer Schamszenen. Dieser Prozess beinhaltet, dass der Therapeut fragt, welche Stimme im Patienten spricht oder welche Person er mit dieser Stimme verbindet. Ich vermittele den Patienten, dass es nicht ihre eigene Stimme ist, die sie hören, oder falls sich diese wie die eigene »anfühlt«, dass sie früher zu einem anderen Menschen gehört hat. Um die Imagination direkt mit einzubeziehen, bitte ich Patienten, der Stimme in Gedanken ein Gesicht zu geben. Ich lade sie ein, sich an Situationen zu erinnern, in denen sie früher etwas Ähnliches erlebt haben. Es ist allgemein um einiges leichter, ein altes Muster loszulassen, wenn wir dessen Wurzeln kennen. Zusätzlich wird der Affekt, der in diesen ursprünglichen Szenen eingebettet war, befreit, und diese Befreiung ist essenziell für die Bewältigung der Scham.

Scham wird affektpsychologisch betrachtet im Gedächtnis in Form von Szenen gespeichert. Aus moderner psychoanalytischer Sichtweise gibt es neben dem »dynamischen Unbewussten« ein »prozedurales Unbewusstes« (Lyons-Ruth 1998), in das sich biografische Szenen mit den Bezugspersonen eingeschrieben haben, die aber nicht psychisch repräsentierbar sind. Alle Affekte, die in der ursprünglichen Szene eingebettet sind, werden direkt eingeprägt. Diese verinnerlichten Schamszenen werden in der Folge zu Hindernissen für das Selbstwertgefühl und die Intimität. Um toxische Scham zu verarbeiten und letztlich heilen zu können, müssen diese Szenen in der Therapie zurückgewonnen und bewusst gemacht werden.

Anschließend müssen sie so umfassend wie möglich wieder durchlebt werden, damit die ganzen Affekte, die in der Szene gespeichert wurden, befreit werden können. Das bedeutet nicht nur die Scham, sondern auch alle anderen Affekte wieder zu erfahren – oder sie erstmalig in ganzer Durchlässigkeit und Offenheit zu erleben und zuzulassen. Es ist wichtig, im Falle der Scham die verstreuten Fragmente der Erfahrung erneut zusammenzusetzen, da nur so verhindert werden kann, dass sie zu einem dauerhaften Symptom »gerinnen«. Die Arbeit des Zusammensetzens dieser psychischen Bilder nötigt schließlich zu der Unterscheidung von *äußeren Schamursachen*, die einen beschämenden Dritten voraussetzen, und *inneren Schamursachen*, die in der psychischen Realität verwurzelt sind.

Bestimmende Szenen müssen in der Hinsicht durchgearbeitet werden, dass aktiv der gleiche Prozess durchlaufen wird, der diese produziert hat: vom *Affekt* über die *Imagination* bis zur *Sprache* (Tisseron 2000). Diese bestimmenden Szenen können selbstverständlich nicht einfach aus der Biografie der Betroffenen ausgemerzt werden. Sie können jedoch dadurch verändert werden, dass neue Szenen mit positivem Affekt geschaffen werden und eine Disidentifikation mit dem kindlichen Selbstbild gefördert wird. Dahingehend zu arbeiten, die »interpersonale Brücke« (Kaufman 1989) zwischen Selbst und Anderem wiederherzustellen, beinhaltet somit, die ursprünglich interpersonellen Szenen der Scham noch einmal hervorzurufen.

Ein letzter wichtiger Punkt, auf den Therapeutinnen und Therapeuten bei der Behandlung von Schamkonflikten hingewiesen haben, ist das Einbeziehen und die Lenkung der Aufmerksamkeit auf mehrere Generationen und die *transgenerationale Weitergabe von Schamthemen und Familiengeheimnissen*. Diese Loyalitätsbeziehungen können starke Über-Ich-Bindungen darstellen und dazu führen, dass beschämende Themen und Geheimnisse von einer Generation an die nächste weitergegeben werden. Diese generationenübergreifende Scham kristallisiert sich am häufigsten um Themen wie diese:

- heimliche Abtreibungen und Kindstötungen,
- nichteheliche Kinder,
- Kinder aus inzestuösen Verbindungen oder aus Vergewaltigungen,
- Kinder, die mit Missbildungen geboren wurden,
- unrechtmäßig erworbenes Vermögen, Verschwendung, Konkurserklärungen,
- Ehebrüche,
- Gefängnisstrafen oder Aufenthalte in psychiatrischen Anstalten etc.

Aus der generationenübergreifenden Weitergabe wird eine »Schamtradition«, die die Geheimnisträger aneinander bindet. Ein volles Verständnis der Scham in allen ihren Aspekten kann nur dann erreicht werden, wenn in die Analyse außer den Situationen, in denen das Kind selbst die Erfahrung der Scham gemacht hat, auch all die Situationen einbezogen werden, in denen es seine Eltern in beschämenden Umständen gesehen hat – es handelt sich hierbei um das »Fremdschämen« für bedeutsame Andere.

Selbstakzeptanz als Schamtherapieziel

Ein wichtiger Teil der therapeutischen Arbeit an der Scham besteht darin, die Patienten angesichts ihrer strengen Über-Ich-Forderungen und unerreichbaren Ich-Ideal-Ansprüche zu entlasten und ihnen diese bewusst zu machen. Ein Ziel jeder psychodynamischen Psychotherapie ist demnach nicht nur die Modifikation eines unrealistisch strengen Über-Ichs, sondern auch die Relativierung übermäßiger Idealvorstellungen vom eigenen Selbst. Der aus der Kindheit stammende »Wunsch nach Perfektion«, quasi nach »Selbstveredelung«, stellt häufig eine wichtige Motivation für die Inanspruchnahme einer therapeutischen Behandlung dar. Dieser kindliche Wunsch nach einem *purifizierten Ich-Ideal* sollte genauestens erforscht und nach darunter liegenden Schamgefühlen exploriert werden. Für schamvulnerable Menschen ist es letztlich entscheidend, einen eigenen stärkeren inneren Standard auszubilden, nach dem sie sich aufgrund ihrer *eigenen* Werte prüfen.

Wenn eine psychodynamische Psychotherapie erfolgreich ist und Schamgefühle gemildert worden sind, werden dem Patienten viele Gedanken, Gefühle und Impulse, die zuvor wegen der darunter liegenden Scham verdrängt waren, bewusst.

Wenn der Patient einiges von seiner charakteristischen Geheimhaltung aufgeben und anderen gegenüber in einer angemessenen Form mehr von seinen Gedanken, Gefühlen und Impulsen preisgeben kann, dann wird eine weitere Milderung der Scham dadurch erreicht, dass die befürchtete und antizipierte Zurückweisung durch andere nicht erfolgt.

Eine der wichtigsten Errungenschaften und Neuerungen, die das relationale Verständnis der psychoanalytisch-psychotherapeutischen Situation mit sich gebracht hat, ist die Dekonstruktion des theoretischen Standpunktes des »hermeneutischen Verdachts«, der die allgemeine therapeutische Atmosphäre durchzieht. Der Patient wird hier nicht mehr als ein Wesen gesehen, dessen Probleme daraus resultieren, dass es an »primitiven« und destruktiven biologischen Trieben leidet, die es mithilfe der Einsicht aufgeben soll. Der Patient leidet stattdessen an der Art und Weise, wie er im Laufe seiner Entwicklung angefangen hat, elementare Gefühle und Bedürfnisse, die aber zum natürlichen Kern seines Selbst gehören, als verachtenswert und beschämend anzusehen und diese vor sich und anderen zu verbergen.

Als allgemeines Ziel wird nicht allein *Einsicht* gefördert, sondern vor allem größere *Selbstakzeptanz* und *Affektregulierung* und damit die Möglichkeit, intime Beziehungen befriedigender zu gestalten. Diese alternative Vision der therapeutischen Zielsetzung rückt die einengenden und hemmenden Gefühle der Scham, Schuld und Angst automatisch stärker ins Zentrum. Die Betonung verändert sich entscheidend, wenn es nicht um das »Entdecken« von archaischen unbewussten Trieben geht, sondern um das *intersubjektive Erfahren* und *Erleben* dieser schamhaft verleugneten Selbstanteile in der Therapie. Es handelt sich selbstverständlich um keine einmalige Angelegenheit, sondern um ein wiederholtes Erfahren, das eine Version des »Durcharbeitens« im Sinne Freuds (1914b) darstellt.

Ein zentrales Element der therapeutischen Fähigkeit und des Geschicks des Klinikers ist sicherlich sein Vermögen, die Patientinnen und Patienten mit den Gedanken, Gefühlen, Wünschen oder Impulsen in Kontakt zu bringen, die sie meiden. In einer psychodynamischen Sicht besteht die Rolle von Angst, Schuld und Scham in psychopathologischen Störungen darin, dass diese Probleme als Resultat davon gesehen werden, dass Menschen lernen, ihre fundamentalsten und stärksten Gefühle, Impulse und Fantasien zu fürchten – und diese in der Folge vor sich und anderen zu verbergen suchen. Menschen wehren sich gegen bestimmte Aspekte ihrer Erfahrung, um den furchtbaren Schmerz jener »negativen« Gefühle nicht ertragen zu müssen.

Als Konsequenz besteht die Hauptaufgabe des Therapeuten darin, dem Patienten darin zu helfen, seine Schamangst und Hemmungen zu überwinden, die dazu geführt haben, dass er auf ihre normalen und gesunden Gefühle so reagiert, als seien sie eine Bedrohung. Anders ausgedrückt: Die Aufgabe besteht darin, dem Patienten dabei zu helfen, sich mit seinen ureigensten Gedanken, Impulsen und Gefühlen anzufreunden, um sich damit wohler in seiner Haut zu fühlen und sich selbst weniger im Wege zu stehen. Die Angst vor Liebes- oder Objektverlust ist in den häufigsten Fällen der Ursprung dieser Verleugnung von »negativen« Gefühlen und der Entwicklung einer Scham für eigene Gefühle und Wünsche.

Schuldgefühle motivieren den Patienten eher, diese zu beichten, während ihn Scham motiviert, diese geheim zu halten. Der als Selbstobjekt fungierende Therapeut kann die Selbstakzeptanz durch seine empathische Versenkung in die psychologischen Tiefen des Patienten erleichtern. Das bedeutet aber keinesfalls, unangenehme Themen auszusparen, sondern einen sicheren therapeutischen Raum zu schaffen für die Gedanken und Gefühle, die der Patient am meisten fürchtet und derer er sich schämt – *eine Art »Sicherheitslabor« für unangenehme Gefühle.* Damit therapeutische Veränderung möglich ist, muss der Patient nicht nur *bewusster*, sondern vor allem *weniger selbstverneinend* eingestellt sein.

Diese affektzentrierte Version der Psychoanalyse wird aus Sicht der Neurowissenschaft unterstützt, wenn Gerhard Roth (2001) schreibt: »In späterer Jugend und im Erwachsenenalter ist der Mensch in seinen Persönlichkeitsmerkmalen nur noch wenig veränderbar, es sei denn, er hat starke positive oder negative Erlebnisse« (S. 452). Die rechte Hemisphäre, speziell der orbitofrontale Cortex, der hauptsächlich für die Regulierung der Affekte zuständig ist, durchläuft ein Leben lang Wachstumsphasen und erhält seine Fähigkeit zur Plastizität. In einer affektzentrierten und -regulierenden therapeutischen Beziehung kann dieses regulatorische System eine weitere Reifung erreichen. Neurobiologische Studien zeigen, dass das Auftauchen von starken Affekten während der Psychotherapie von einer ansteigenden Aktivierung der rechten Hirnhemisphäre begleitet ist (Schore 2007, 2012).

Da das Kern-Selbst nonverbal, unbewusst und in Mustern der Affektregulation ruht, werden der unbewusste Affekt und seine Regulation zum primären Ziel speziell der Therapie einer prä-ödipalen Dynamik. Besondere Aufmerksamkeit gilt Neurowissenschaftlern zufolge der Erkennung und Identifikation von Affekten, die während der Entwicklung weder interaktiv reguliert noch innerlich repräsentiert waren. Die therapeutischen Interventionen richten sich daher direkt auf die Anhebung der Gefühle von einer »primitiven«, präsymbolischen sensomotorischen Erfahrung hin zu einer reifen, symbolischen Repräsentationsebene.

Allan N. Schore (2012) fasst diesen »Paradigmenwechsel von Kognition zu Emotion« (S. 7), der mit einem Wechsel von der linken zur rechten Hemisphäre korreliert, treffend zusammen, wenn er schreibt, dass auf der grundlegendsten Ebene die intersubjektive Arbeit der Psychotherapie nicht dadurch definiert ist, was der Therapeut für den Patienten macht oder sagt (linkshemisphärischer Fokus). Stattdessen bestehen die Schlüsselmechanismen darin, *wie man mit dem Patienten ist*, besonders während der aufwühlenden affektiven Momente, wenn das implizite Kern-Selbst des Patienten in Echtzeit desintegriert (rechtshemisphärischer Fokus) (ebd., S. 103).

Ein primäres Ziel der Behandlung ist somit die Restauration oder Erweiterung der Fähigkeit des Patienten zur Affekt- und Selbstregulation. Damit rückt die Bedeutung der therapeutischen Einfühlung als ein wesentlicher Mechanismus der Behandlung in den Vordergrund. Eine Voraussetzung dafür ist, dass der Therapeut in einem Zustand der engagierten und emotionalen Abstimmung mit dem Patienten erlebt wird. Laut Schore (2007) ist es besonders das Gewahrwerden einer dyadisch ausgelösten nonverbalen Schamdynamik innerhalb der therapeutischen Arbeitsbeziehung, die unbewusst vom Patienten als nicht ausreichend Sicherheit gebend empfunden wird, um eine tiefere Selbstenthüllung zu erlauben.

Ich sehe dies als Unterstützung meines Arguments, dass psychodynamische Psychotherapie, wenn sie eine effektive, integrierte Körper-Geist-Gehirn-Einheit wiederherstellen möchte, rechtshemisphärisch, relational und emotional engagiert sein sollte statt linkshemisphärisch, inhaltlich deutend und emotional distanziert. Konkret auf die Bearbeitung der Scham übertragen, bedeutet dies, dass in dem Moment, in dem der Patient die Scham wiedererlebt, die Identifikation mit der nicht beurteilenden und affektregulierenden Haltung des Therapeuten eine Akzeptanz und Modulierung der Scham ermöglicht wird. In diesem Prozess der Identitätsarbeit und Heilung von Scham identifiziert sich der

Patient mit dem empathischen, spiegelnden, affektregulierenden Therapeuten und kann so eine neue, schamfreiere Art des Seins erlernen und verinnerlichen.

Scham in Übertragung und Gegenübertragung

Psychotherapeuten erleben wie andere Menschen auch Ängste und Schamängste, wenn sie einen fremden Menschen kennenlernen. Wilfred R. Bion (1990) hielt die analytische Beziehung für absolut symmetrisch, als er schrieb, dass die therapeutische Dyade aus zwei angsterfüllten Menschen bestünde – wenn dies nicht so sei, brauche man den Patienten gar nicht erst zu behandeln. In ähnlicher Weise bemerkte Stephen A. Mitchell (1993): »Psychoanalyse ist ein Prozess, in dem die Hoffnungen und Ängste der beiden Beteiligten von grundlegender Bedeutung sind« (S. 9).

Die Scham eines Patienten zwingt den Therapeuten, sich mit seinen eigenen Gefühlen des Versagens, der Minderwertigkeit und der Inkompetenz zu konfrontieren. Da nicht nur für den Patienten, sondern auch für den Behandler diese Gefühle mit zu den schwierigsten gehören, mit denen man sich konfrontieren kann, werden diese schmerzhaften Affekte abgewehrt und durch den Betreffenden unkenntlich gemacht. Die Scham eines Patienten kann und wird spontan die Scham im Therapeuten stimulieren. Dies kann dazu führen, dass Therapeuten, die diese eigene Scham abwehren und verleugnen, die pathogenen Familienmuster des Patienten wiederholen und es somit zu einer Retraumatisierung kommt.

Eine Inkompetenzscham kann beispielsweise bei besonders schwierigen, schwer erreichbaren oder Borderline-Patienten immer wieder episodisch oder chronisch auftauchen und zu einer »defensiven Diagnostik« und zu latenten Vorwürfen dem Patienten gegenüber führen. Die Scham darüber, dass die Therapie über längere Strecken stagniert, es zu Misserfolgen oder Therapieabbrüchen kommt (Lewis 1971), kann Schuld- und Schamgefühle auslösen. Die eigene Scham des Therapeuten kann zudem dadurch ausgelöst werden, dass er das Gefühl bekommt, dem Patienten nicht wirklich helfen zu können. Ebenso können Intimitätsschamgefühle auftreten, weil der Therapeut in die Privatheit eines anderen Menschen eindringt.

Wie die Absonderlichkeit einer Straftäterin

Eine in der Kindheit traumatisierte Borderline-Patientin spricht über ihr Misstrauen anderen Menschen gegenüber, das sie ständig auf der Hut sein lässt:

P: »Wenn ich über meine Magersucht in der Pubertät spreche, wie in letzter Zeit hier, dann stelle ich mir auch vor, wie Sie darüber denken, wenn ich mich so zeige. Was in meinen Kopf kommt, ist der Gedanke, dass ich nicht ausreichend bin. Auch hier nicht. Ich denke, dass Sie das auch so empfinden. Seit ich auf der Welt bin, muss ich mich anstrengen, muss Kraft aufwenden, dass ich genüge. Weder mein Körper war ausreichend noch ich selbst. Andere Kinder waren immer besser. Besonders von meiner Mutter kamen so fiese Abwertungen und Vergleiche. Auch im Kindergarten war ich immer anders, wurde verspottet für meinen blöden Haarschnitt, den mir meine Mutter verpasst hatte, meine altmodischen Klamotten. In der Pubertät ging das dann weiter, da habe ich total viel Verspottung erlebt. Das nehme ich auch bei Ihnen an, Sie denken sicher: ›Die ist nichts wert!‹«

T: »Können Sie sich vorstellen, dass ich andere Gefühle habe als die, die Sie mir zuschreiben?«

P: »Das ist ein komischer Gedanke, irgendwie glaube ich Ihnen, aber dann auch nicht. Ich schäme mich dafür, dass Sie mich so sehen, meinen Selbsthass mitkriegen. Ich bin dann so überzeugt, dass ich nicht liebenswert bin, nicht ausreiche. Ich habe ja Gewalt in allen Formen erlebt: körperlich, emotional, verbal, sexuell. Das Schlimme ist nur, dass sie nun in mir ist und mich dort quält. Ich habe da so viel Scham- und Schuldgefühle – das verstehe ich jetzt besser. Mit dieser Gewalt in mir habe ich das Gefühl, ich bin eigentlich eine Straftäterin, und es zeigt nur, wie absonderlich und scheußlich ich bin.

Ich habe aber auch so eine Sehnsucht, dass sich diese Gewalt aus mir löst. Am Anfang der Therapie hatte ich den verzweifelten Wunsch, die Therapie erlöst mich. Jetzt merke ich aber, dass das so nicht läuft und ich alles erzählen muss und Ihnen meine ganze Geschichte zeigen muss, damit was passiert. Manchmal denke ich dann: ›Ich bin ein Fall, und der macht seinen Job.‹ Das schützt mich, dieser Gedanke. Wenn es nämlich eine menschliche Ebene hier gäbe, dann spüre ich inzwischen, wie sehr ich mich schäme, Ihnen alles zu erzählen, was Abscheuliches in mir ist. Warum sollte ich so etwas Intimes preisgeben und mich ausliefern?«

Eine in meinen Augen relativ häufig auftretende, aber selten erwähnte Schamquelle aufseiten des Therapeuten ist ein aggressives oder auch zärtliches, spontanes Gegenübertragungsagieren und die Initialisierung von Enactments dieser Art, die vom Therapeuten ausgehen. Man kann den Eindruck haben, sich »eine Blöße gegeben« zu haben und – je nach therapeutischer Idealvorstellung – die intensiven Gegenübertragungsgefühle nicht »containen« zu können. Andere potenzielle Schamszenen generiert das Stellen von persönlichen Fragen an den Behandler – besonders wenn sie nicht eindeutig übergriffig sind, sondern auf den Grenzbereich seiner Intimität abzielen.

Insgesamt kann Scham in der Gegenübertragung bei Schamlosigkeit oder Unverschämtheit von besonders antisozialen, narzisstischen, hysterischen oder Borderline-Persönlichkeitsstörungen auftauchen. Die aktive Beschimpfung und Demütigung in verbalen Attacken oder auch Ironie gegenüber dem Therapeuten (oder dem Berufsstand als solchen) kann zum Teil intensive Schamgefühle und als Abwehr davon masochistische Selbstbeschuldigung, Racheimpulse oder Wut auslösen. Ebenfalls kann bei Therapeuten Scham über den eigenen Neid auf die beruflichen Erfolge, das Aussehen, das Vermögen, die Kompetenzen, das reiche Beziehungsleben oder die Talente von Patienten auftreten. Im anderen Extrem können Ekelgefühle und Schamreaktionen gegenüber dem Äußeren von Patienten, einer als unangenehm empfundenen Körperlichkeit (etwa bei Körpergeruch) oder bei detaillierten Schilderungen von Selbstverletzungen beim Therapeuten ebenfalls zu mannigfaltigen emotionalen Reaktionen führen.

Ein zum Teil lähmendes Gefühl der Langeweile in der Gegenübertragung, das bei der Behandlung besonders schamvulnerabler Patienten auftritt, kann ebenfalls schwer zu ertragen sein. In der Folge wird die eigene Lebendigkeit und die therapeutische Kreativität »eingeschläfert«. Die Auffassung, dass jede Form von psychischer Störung eine bestimmte Art von Einschränkung der Fähigkeit des Individuums darstellt, als menschliches Wesen völlig lebendig zu sein, wurde prägnant von Thomas H. Ogden (1995) vertreten. Er betont, wie wichtig es im therapeutischen Prozess sei, die Erfahrung von Lebendigem oder Totem in der Übertragung-Gegenübertragung zu analysieren.

Diese Gefühle der Leblosigkeit und Langeweile aus der Gegenübertragung heraus taktvoll anzusprechen gehört meines Erachtens zu den mitunter schwierigsten Punkten im therapeutischen Prozess. Der Analytiker Micha Hilgers (2006) bringt in ähnlicher Weise wie Léon Wurmser (1990) Langeweile und Müdigkeitsreaktionen in der Gegenübertragung in Verbindung mit einer Vermeidung massiver Schamaffekte. Besonders wird dies bei schizoiden Patienten deutlich, die durch ihre Nicht-Bezogenheit und ihre Rückzugshaltung nahe therapeutische Beziehungen (und nahe Beziehungen überhaupt) verhindern. Die Berührung der Intimitätsgrenze, die von schizoiden Menschen in starrer Weise gehandhabt wird und deren Überschreitung sofort weiteren Rückzug und eventuelle Vorwürfe evoziert, weckt beiderseits Schamaffekte.

Eine in meinen Augen wichtige Quelle der Gegenübertragungsscham, die erstaunlich selten in der Literatur oder Supervisionen erwähnt wird, ist die erotisch-sexuelle Reaktion des Behandlers auf Patienten und Patientinnen. Aufgrund der narzisstischen Defizite bestimmter Borderline-Patienten, die sie in ihrer Lebensgeschichte gezwungen haben, andere Menschen zu benutzen, um ihre »narzisstische Wunde« zu kompensieren, entwickeln diese Menschen ein äußerst gutes Gespür für die narzisstischen Verletzbarkeiten und die Schamanfälligkeit ihres Therapeuten. Das Auftauchen von erotischen Fantasien, Impulsen und Gefühlen, die in uns als Psychotherapeuten Tag für Tag entstehen, kann bei einer stark vorhandenen Über-Ich-Strenge des Behandlers für große, offen anerkannte oder auch umgangene Scham sorgen. Dies äußert sich dann nicht nur intrapsychisch in Schamgefühlen und ihren ganz individuellen Abwehrmechanismen, sondern auch darin, dass diese beschämenden erotischen Fantasien und Gefühle weder in der Supervision noch in der Intervision thematisiert werden. Der Therapeut sollte die Scham- und Angstfreiheit haben, diese empfinden zu können – aber auch die Sicherheit, sie »containen« zu können (Mann 1999).

Aus intersubjektiver Perspektive brodeln im analytisch-therapeutischen Setting die intensiven, primitiven Gefühle und Fantasien *beider* Beteiligter. Gefühle von Schuld und Scham, die dann entstehen können, wenn der Behandler bei sich sexuelle Fantasien, Gefühle und Impulse verspürt, weisen in unangenehmer Weise auf die eigene Verstricktheit hin. Ebenso kann die angewiderte, angeekelte Reaktion (der »Igitt-Faktor«, Lichtenberg 2008, S. 9) in der Gegenübertragung bei der Schilderung von (auch »perversen«) sexuellen Handlungen oder sexuellen Hemmungen intersubjektiv zu Beschämungsgefühlen beim Patienten führen, die wiederum in der Gegenübertragung als Scham aufgrund des eigenen Ekels und Abscheus erlebt werden.

Widerstände äußern sich ganz allgemein nicht nur beim Patienten, sondern selbstverständlich auch beim Therapeuten in Form von *Gegenübertragungswiderständen*. Dieses diagnostische und therapeutische Potenzial eines unbefangenen Umgangs mit Gegenübertragungswiderständen wird meines Erachtens nach wie vor in der Psychoanalyse nicht systematisch genutzt; der Begriff hat die weitgehend negative Konnotation beibehalten, die ohnehin schon an dem Terminus »Widerstand« haftet. Es herrscht weiterhin eine Haltung, diese Widerstände negativ zu betrachten. Ihnen haftet ein Beigeschmack von beschämenden »technischen Fehlern« an.

In dem Kontext, in dem sich Widerstand auf die konkrete therapeutische Situation bezieht, ist er immer ein interpersonelles Phänomen – ebenso wie ein Handschlag oder ein Schweigen. Der Patient versucht, die Beziehung zum Therapeuten vor dem Eindringen negativer Gefühle zu schützen. Genauso entwickelt der Therapeut Gegenübertragungswiderstände – diese Widerstände tragen somit zur *Beziehungsregulierung* bei. Sie sind demnach als Weigerung des Patienten zu verstehen, über die eigenen Affekte nachzudenken bzw. diese »nachzufühlen«. Widerstand ist auch deshalb von derartig zentraler klinischer Bedeutung, weil die Bewusstwerdung seiner Manifestationen oft die einzige Möglichkeit darstellt, Angst vor Bloßstellung, Desintegration, Retraumatisierung und daraus resultierender Scham zu verstehen.

Gerade in der Behandlung schwer gestörter Patientinnen und Patienten treten viel öfter Krisen des Prozesses auf, als dies gemeinhin diskutiert wird – meistens sind dies Krisen bezüglich der Gegenübertragung und »Brüche der therapeutischen Allianz« (Safran/Muran 2000). Diese Widerstände des Therapeuten gegen die Gegenübertragung sind zwar schon seit Sandor Ferenczi erkannt, sie haben aber nicht die zentrale klinische Wichtigkeit erhalten, die sie verdienen. Dies bedeutet konkret, dass Stagnationen und Krisen im therapeutischen Prozess auf massive intrapsychische Widerstände im Patienten zurückgeführt wurden. Der eigene interaktive Anteil der Therapeutinnen und Therapeuten wurde ausgeklammert, da diese Stagnationen als peinlich empfunden werden, wenn man sie spürt.

Die Abwehr des Therapeuten kann gegenüber einem empathischen Mitgehen und -fühlen der Scham – definiert als Gegenübertragung – im Wege stehen. Deshalb kann, wie Wurmser (1986) betont, eine »aggressiv deutende Technik« (S. 37) eine Form der chronischen Beschämung des Patienten hervorrufen. Gewisse Widerstände, die von klassischen, eher intrasubjektiv arbeitenden Analytikern diagnostiziert werden, sind somit eher »Artefakte«, iatrogene Effekte, die aus einer Schamdynamik zwischen Analytiker und Patient entstanden sind. Bernhard Leibig (1998) schreibt aus diesem Grunde: »Widerstandsartefakte, die durch zu frühzeitig oder grenzüberschreitende Deutungen entstehen, kann der Patient als Ausdruck interpretatorischer Macht erleben und sich beschämt zurückziehen« (S. 31).

Missverstehen, Widerstand und Deutung sind in Wahrheit intersubjektive Phänomene. Der Behandler ist nicht die »konstante Variable«, er ist in jeder Patient-Therapeut-Beziehung mit seiner einzigartigen Subjektivität neu eingebunden und »tanzt mit jedem Patienten einen neuen Tanz«. Der Therapeut kann sich dabei auch nicht in eine allwissende Position zurückziehen, er kann nur »theoriegeleitete Vermutungen« äußern, mit deren Hilfe er das, was er im Patienten wahrnimmt, interpretiert.

Generationen von psychoanalytischen und tiefenpsychologisch fundierten Psychotherapie-Ausbildungskandidaten haben mit dem Nicht-Erreichen des klassischen Ideals einer makellos technisch-analytischen Haltung ein Gefühl der Scham verbunden. Die Autoren Donna M. Orange, George E. Atwood und Robert D. Stolorow (2001) bemerken selbstkritisch, dass »häufig sogar beziehungstheoretisch orientierte Therapeuten die Neutralität als ehrwürdiges, wenngleich unerreichbares Ideal hochhalten und dass Abweichungen von diesem Ideal Scham oder reaktive Schamlosigkeit wecken« (S. 56). Ein nicht unwesentlicher Teil der Anonymitätsvorstellungen des Psychotherapeuten kann meines Erachtens aus der Tatsache erklärt werden, dass er sich als Person – mit all seinen Idiosynkrasien, Verletzlichkeiten und Schamanfälligkeiten – hinter einem Schutzwall verbergen möchte, der rationalisierend mit Abstinenz- und Neutralitätsidealen gerechtfertigt wird.

Indem der Therapeut in relationaler und intersubjektiver Sichtweise stärker als reale Person in Erscheinung tritt, als dies in der klassischen der Fall war, benötigt er ein weitaus größeres Maß an Flexibilität und (Scham-)Angstfreiheit. Die Position eines »menschlichen Psychotherapeuten«, der im Sinne Donald W. Winnicotts (1971) »lebendig« ist, beinhaltet immer auch die Gefahr des Verstrickwerdens mit den neurotischen Arrangements der Patientinnen und Patienten. Dies ist gerade kein »technischer Fehler«, sondern stellt – wenn es dem Therapeuten gelingt, über diese Handlungsdialoge und intersubjektiven Verstrickungen zu reflektieren – eine Chance dar, um etwas über die beeinträchtigten Beziehungsmuster des Patienten zu erfahren (und eventuell auch über die eigenen).

Die Brüche und »Reparaturen« der therapeutischen Allianz in das Zentrum der therapeutischen Arbeit zu stellen, wie dies die relationalen Analytiker Jeremy D. Safran und J. Christopher Muran (2000) in ihrem »Modell des therapeutischen Prozesses« tun, umfasst:

- das Aufspüren und Beachten frühzeitiger »Rupturmarker«,
- das Explorieren der negativen Gefühle, die diesen Markern zugrunde liegen,
- das weitere Explorieren, warum diese vermieden wurden, sowie
- letztlich das Ansprechen und Erforschen der möglichen Wünsche bzw. Bedürfnisse des Patienten, die zu solchen negativen Gefühlen geführt haben.

Der relationale Psychoanalytiker Donnel B. Stern (2010, S. 52) beschreibt dies in einer anschaulichen Metapher mit dem psychischen Äquivalent eines Spaziergangs durch den Wald, wenn wir uns plötzlich dadurch aufgehalten fühlen, dass unser Pullover an einem Zweig hängen geblieben ist: Wir halten inne, erforschen neugierig den Grund für die Unterbrechung und entwirren uns wieder. Deshalb ist die Arbeit mit Enactments und Verstrickungen der Übertragung-Gegenübertragung ein entscheidender und unvermeidbarer Bestandteil einer engagierten psychodynamischen Behandlung. Nach relationaler Sichtweise sind Enactments die einzige Art und Weise, wodurch dissoziiertes Material repräsentiert werden kann, und somit sind sie meist die beste Informationsquelle über den Patienten, besonders im Falle von traumatisierten Patienten, die ihre Bindungstraumata nur implizit erinnern, nicht aber verbal artikulieren können.

Von einer Mentalisierungsperspektive aus betrachtet, reagiert der Therapeut in einem Enactment direkt auf die projektive Identifizierung des Patienten und nimmt diese Zuschreibungen nicht nur an, sondern agiert sie aus. Der Ausdruck »Enactment« kann daher auch als die gemeinsame Unfähigkeit von Patient *und* Therapeut, zu mentalisieren, definiert werden (Stern 2008).

Für einen Therapeuten, der sich »im Griff« eines Enactments mit dem Patienten befindet, besteht das Ziel nicht darin, sich möglichst schnell »loszueisen« und Einsichten bzw. Deutungen zu geben. Das zentrale therapeutische Ziel ist vielmehr, die unbewusste (Ein-)Wirkung des Patienten auf ihn zu verstehen und dann dieses Wissen und das damit verbundene eigene gestörte Gleichgewicht zu nutzen, um Teile der Erfahrung des Patienten zu verstehen, die nicht anders von diesem in Worte gefasst werden können. Kurz gesagt, ist es von einem relationalen Standpunkt aus für den Therapeuten ebenso grundlegend, kontinuierlich neugierig gegenüber der unbewussten Bedeutung seiner eigenen Erfahrung zu sein, wie es wichtig ist, der Erfahrung des Patienten gegenüber neugierig zu bleiben.

Durch das wieder aufkommende Interesse an Gegenübertragungsphänomenen und Enactments im derzeitigen psychoanalytischen Denken ist die Möglichkeit greifbarer geworden, dass auch Psychotherapeuten – und nicht nur die Patienten – für ihre eigene Scham in der Behandlungssituation stärker sensibilisiert werden und diese mit einbeziehen können. Wie Michael B. Buchholz (2001) zu Recht bemerkt, schließt die Sicht, sich als personalen Teil des Prozesses zu verstehen, die defensive Verwendung mancher Konzepte der klassischen Analyse aus. Die Miteinbeziehung der Scham als Affekt, dem bei einer ganzen Reihe von psychischen Störungen eine grundlegende Bedeutung zukommt, bringt es meines Erachtens mit sich, dass der Handhabung der Übertragung, der Gegenübertragung und der Subjektivität des Therapeuten ein weitaus größerer Stellenwert als zuvor zukommt. »Es handelt sich um ein hochdifferenziertes Such- und Versteckspiel, in dem es ein Vergnügen ist, verborgen zu bleiben, jedoch ein Desaster, nicht gefunden zu werden«, schrieb Winnicott (1974, S. 186).

Paula Heimann (1950/1996) bemerkte einmal, dass es in der Psychotherapie auf die *Kunst* ankomme, mit dem Patienten »natürlich zu sein«. Diese *Natürlichkeit* beinhaltet meines Erachtens für den Therapeuten, solche intersubjektiv wirkenden Gefühle wie Scham bei sich selbst und ebenso bei seinen Patienten zu bemerken, zu verstehen und letztendlich als Möglichkeit aufzufassen, Identität in einer entwicklungsfördernden Weise zu verändern.

Sich dem Nicht-Wissen des gegenwärtigen Moments anzuvertrauen, in der therapeutischen Sitzung oder außerhalb, bedeutet auch, die eigene Scham zuzulassen – und damit immer wieder ein Anfänger und Nicht-Wissender zu sein. Für die psychotherapeutische Haltung bedeutet dies eine Art von Sich-Einlassen auf das Unbekannte, was nicht immer leicht zu bewerkstelligen ist. Es bedeutet auch in sehr starkem Maße, die klassische Sichtweise von einem überlegenen, objektiv vorgehenden sowie durchanalysierten Fachmann als defensive Illusion anzuerkennen und in der Folge aufzugeben. Wie Gerd Rudolf (2004) zu Recht bemerkt, steht diese Vorstellung einer quasi religiösen Einstellung näher als einer »wissenschaftlich fundierten Position des Zwangsläufig-immer-nur-vorläufigen-Wissens« (S. 133).

Diesen Zustand der provisorischen Erkenntnis zu ertragen ist nicht immer einfach. Da jegliche Therapie einen fortschreitenden Erkenntnisprozess darstellt, haftet jeder augenblicklich vorhandenen Erkenntnis der Geschmack des Vorläufigen an. Diese »Wahrheit« ist auch immer dialogisch konstruiert und nicht etwa eine, die in den Tiefen des Unbewussten vorliegend »entdeckt« werden kann. Thomas H. Ogden (2000, S. 172) drückt dies in einer für ihn typischen Weise aus, indem er sagt: »Wenn der Analytiker es zulässt, selbst der permanente Anfänger zu sein, der er ist, dann wird es ihm manchmal möglich sein, das zu lernen, von dem er dachte, dass er es bereits wisse.«

Zwischen Taktgefühl und Mut zur Schambearbeitung – Schlussbemerkung

Die Darstellung der Rolle von Scham und Schamkonflikten in diesem Buch will zu einer größeren Sensibilisierung für dieses Thema aufseiten des psychodynamisch arbeitenden Klinikers beitragen. So intim und subjektiv Schamgefühle sind – sie äußern sich immer interaktionell und intersubjektiv. Scham stellt, zusammen mit den Affekten der Schuld und Liebe, den Beziehungsaffekt par excellence dar. Sie ist ihrer Natur nach sozial und relational. Für den Psychotherapeuten bedeutet dies in besonderem Maße, sich mit der *ansteckenden Natur der Scham* konfrontiert zu sehen, die entweder zu der vom Therapeuten bevorzugten unbewussten Schamabwehrstrategie führt und somit häufig zu einer Kollusion im Sinne einer stillschweigenden Übereinkunft darüber, über dieses Thema nicht zu sprechen, oder in einer therapeutischen Sackgasse bzw. Stagnation mündet. Allerdings kann eben durch die Sensibilisierung für die eigene Scham wie für die des Patienten eine Chance der Fokussierung und Erkenntnissteigerung entstehen.

Die Scham eines Patienten zwingt den Therapeuten zudem, sich mit seinen eigenen Gefühlen des Versagens, der Minderwertigkeit und der Inkompetenz zu konfrontieren. Mehr noch: Sie zwingt ihn unter Umständen, das Selbstverständnis schamvulnerabler Patienten respektieren zu müssen, mit einem grundlegenden »Defekt« behaftet, das heißt beschädigt, kaputt, nicht heil, insuffizient, defizient usw. zu sein.

Eine affektzentrierte, engagierte psychodynamische Behandlung erfordert daher, dem schwer erträglichen Thema der Scham nicht auszuweichen, auch wenn die inneren Impulse etwas anderes »raten«. Dies setzt ein Maß an »Schamfreiheit« (nicht »Schamlosigkeit«) des Psychotherapeuten voraus, beschämende Inhalte und die »Hier-und-jetzt-Scham« überhaupt anzusprechen und taktvoll zu fokussieren.

Das Wort »Takt« leitet sich, wie Wurmser (1987, 1990) dargestellt hat, vom lateinischen »tangere« ab, das »berühren« bedeutet. Dementsprechend kann man Takt als die größtmögliche Achtung gegenüber dem Patienten als jemandem verstehen, der sich in einer potenziellen Schamsituation befindet. Eine der wichtigsten Aufgaben eines geschickten Analytikers oder Psychotherapeuten besteht darin, dass er versuchen sollte, den Narzissmus des Patienten und seine damit verbundene Kränkbarkeit und Verletzlichkeit zu respektieren und die Neugierde der Selbsterforschung zu vergrößern und anzureichern. Der Versuch, sich in das narzisstische Erleben der Scham, der Kränkung, der Demütigung und des Verletztseins einzufühlen, stellt den Therapeuten vor eine große Herausforderung, da er dabei seine eigene Schamtoleranz zur Verfügung stellen muss, *ohne mit den für ihn typischen Abwehrmechanismen* defensiv zu reagieren.

Jede psychodynamische Erkundung produziert auf eine bestimmte Weise Schamgefühle, gegen die sich der Patient immer wieder wehren wird. Dem Psychotherapeuten kommt dabei die Aufgabe zu, dies empathisch und geduldig zu begleiten.

In der Psychotherapie ist es demnach essenziell notwendig, ein feines Gespür für den jeweils angemessenen Grad an Nähe oder Distanz zu haben, das heißt, ein therapeutisches Taktgefühl zu entwickeln, definiert als die jeweilige Nähe der Person zum Schamerleben. Psychodynamische Psychotherapie sollte sich für den Patienten wie eine vom emotionalen Interesse des Therapeuten getragene, gemeinsame »Erkundung« anfühlen, nicht wie eine »Verhörsituation«, die unnötige Angst vor Bloßstellung bedeutet. Dabei kann die psychodynamisch orientierte Therapie allgemein als ein stetiger Wechsel von Affektausdruck und Affektanalyse verstanden werden.

Das eigentliche Ziel der Einnahme einer intersubjektiven und kontextualistischen Perspektive in der Therapie besteht darin, den Affekt, das heißt das subjektive und intersubjektive Erleben, in den Mittelpunkt der psychoanalytischen Theorie und Praxis zu stellen (Stolorow et al. 1996; Orange 2004; Jaenicke 2006) –

und dies in einer Art und Weise zu tun, die den Widerstand der Patientinnen und Patienten nicht unnötig erhöht.

Bei allen aufdeckenden psychotherapeutischen Verfahren sollte einerseits die Interventionstechnik besonders darauf eingestellt sein, dass ein schockartiges Auftreten des Schamgefühls möglichst vermieden wird und dosiert mit der Enthüllung der privaten Welt und deren Grenzen umgegangen wird. Andererseits beinhaltet die selbstreflexive Empfänglichkeit, die wir unseren Patienten als grundlegendes Arbeitswerkzeug zur Verfügung stellen, auch den Mut zur Schambearbeitung, der voraussetzt, sich auch teilweise jenseits der Sicherheit vermittelnden Rolle des Experten zu bewegen.

Literatur

Altmeyer, M. (2000): Narzissmus und Objekt. Ein intersubjektives Verständnis der Selbstbezogenheit. Göttingen (Vandenhoeck & Ruprecht).

Altmeyer, M. (2003): Im Spiegel des Anderen. Anwendungen einer relationalen Psychoanalyse. Gießen (Psychosozial).

Altmeyer, M. (2008): Von außen nach innen. Forum Psa. 24, 300–304.

Altmeyer, M. & Thomä, H. (Hg.) (2006): Die vernetzte Seele: Die intersubjektive Wende in der Psychoanalyse. Stuttgart (Klett-Cotta).

Ayers, M. (2003): Mother-infant attachment and psychoanalysis – The eyes of shame. New York (Brunner-Routledge).

Balint, M. (1968): Therapeutische Aspekte der Regression. Die Theorie der Grundstörung. Reinbek (Rowohlt).

Bassler, M. (2002): Angstneurose, Phobie. In: Mertens, W. & Waldvogel, B. (Hg.): Handbuch psychoanalytischer Grundbegriffe. Stuttgart (Kohlhammer).

Bastian, T. (1998): Der Blick, die Scham, das Gefühl – eine Anthropologie des Verkannten. Göttingen (Vandenhoeck & Ruprecht).

Bastian, T. (2006): Schäm dich! Das unangenehmste Gefühl in unserer Zeit. Psychologie heute 5, 49–55.

Bateman, A. & Fonagy, P. (2008): Psychotherapie der Borderline-Persönlichkeitsstörung. Gießen (Psychosozial).

Bauer, J. (2005): Warum ich fühle, was du fühlst. Intuitive Kommunikation und das Geheimnis der Spiegelneurone. München (Heyne).

Bauer, J. (2011): Schmerzgrenze. Vom Ursprung alltäglicher und globaler Gewalt. München (Blessing).

Beebe, B. & Lachmann, F.M. (2002): Säuglingsforschung und die Psychotherapie Erwachsener. Wie interaktive Prozesse entstehen und zu Veränderungen führen. Stuttgart (Klett-Cotta).

Bion, W.R. (1990): Die brasilianischen Vorträge. Frankfurt/M. (Brandes & Apsel).

Briegleb, T. (2009): Die diskrete Scham. Frankfurt/M. (Insel).

Bromberg, P. (1998): Standing in the spaces. Essays on clinical process, trauma & dissociation. New York (Psychology Press).

Bromberg, P. (2006): Awakening the dreamer. Clinical Journeys. New York (Routledge).

Bromberg, P. (2008): »Mentalize this!« Dissociation, enactment, and clinical process. In: Jurist, E.; Slade, A. & Bergner, S. (Hg.): Mind to mind. Infant research, neuroscience, and psychoanalysis. New York (Other Press).

Bromberg, P. (2011): The shadow of the tsunami and the growth of the relational mind. New York (Routledge).

Broucek, F. (1982): Shame and its relationship to early narcissistic developments. I. J. Psycho-Anal. 65, 369–378.

Broucek, F. (1991): Shame and the self. New York (Guilford).

Buchholz, M.B. (2001): Lehren aus der Psychoanalyse. Forum Psa. 17, 171–286.

Buechler, S. (2008): Making a difference in patient's lives. Emotional experience in the therapeutic setting. New York (Routledge).

Cozolino, L.J. (2007): Die Neurobiologie menschlicher Beziehungen. Kirchzarten bei Freiburg (VAK).

Cyrulnik, B. (2011): Scham. Im Bann des Schweigens – Wenn Scham die Seele vergiftet. Hünfelden (Präsenz).

Damasio, A. (1994): Descartes' Irrtum. Fühlen, Denken und das menschliche Gehirn. München (List).

Damasio, A. (2000): Ich fühle, also bin ich. Die Entschlüsselung des Bewusstseins. München (List).

Damasio, A. (2004): Zur Neurobiologie des Fühlens. Gastvortrag auf dem 43. Kongress der Internationalen Psychoanalytischen Vereinigung (IPV), New Orleans. Zitiert in: Altmeyer, M. (2008): Von außen nach innen., S. 303.

Daser, E. (1995): Nonverbale Kommunikation im therapeutischen Dialog. Forum Psa. 11, 119–131.

Daser, E. (2003): Begegnung im Dienste des Begreifens. Anerkennung als Moment des analytischen Prozesses. Forum Psa. 19, 295–311.

Daser, E. (2005): Anerkennung als interaktionelles Moment der Psychoanalyse. Forum Psa. 21, 168–183.

Dornes, M. (2001): Die frühe Kindheit. Entwicklungspsychologie der ersten Lebensjahre. Frankfurt a.M. (Fischer).

Eagle, M.N. (2011): From classical to contemporary psychoanalysis. A critique and integration. New York (Routledge).

Ehrenberg, D.B. (1992): Jenseits der Wörter. Zur Erweiterung der psychoanalytischen Interaktion. Stuttgart (Klett-Cotta).

Erikson, E. (1971): Identität und Lebenszyklus. Frankfurt/M. (Suhrkamp).

Erikson, E. (1982): Kindheit und Gesellschaft. Stuttgart (Klett-Cotta).

Fairbairn, W. R. D. (1952): Psychoanalytic studies of the personality. London (Routledge).

Fenichel, O. (1935): Aufsätze, Bd. 1. Gießen (Psychosozial).

Fenichel, O. (1945): Psychoanalytische Neurosenlehre Bd. 1. Gießen (Psychosozial) 2005.

Fischer, G. & Riedesser, P. (2009): Lehrbuch der Psychotraumatologie. München (Reinhardt).

Fonagy, P.; Gergely, G.; Jurist, E.L. & Target, M. (2004): Affektregulierung, Mentalisierung und die Entwicklung des Selbst. Stuttgart (Klett-Cotta).

Fonagy, P.; Moran, G.S. & Target, M. (1993): Aggression and the psychological self. I.J. Psycho-Anal. 74, 471–486.

Fonagy, P. & Target, M. (2002): Neubewertung der Entwicklung der Affektregulation vor dem Hintergrund von Winnicotts Konzept des »falschen Selbst«. Psyche – Z. Psychoanal. 56, 839–862.

Fonagy, P. & Target, M. (2008): Attachment, trauma, and psychoanalysis. In: Jurist, E.; Slade, A. & Bergner, S. (Hg.): Mind to mind. Infant research, neuroscience, and psychoanalysis. New York (Other Press), S. 15–49.

Freud, S. (1896) Manuskript K – Brief vom 1. Januar 1986. In: Ders. (1985): Briefe an Wilhelm Fließ 1887–1904. Frankfurt/M. (Fischer) 1999, S. 164–178.

Freud, S. (1900): Die Traumdeutung. GW Bde. II/III. Frankfurt/M. (Fischer).

Freud, S. (1905): Drei Abhandlungen zur Sexualtheorie. GW Bd. V. Frankfurt/M. (Fischer), S. 27–107.

Freud, S. (1914a): Zur Einführung des Narzißmus. GW Bd. X. Frankfurt/M. (Fischer), S. 137–170.

Freud, S. (1914b): Erinnern, Wiederholen und Durcharbeiten. GW Bd. X. Frankfurt/M. (Fischer), S. 126–136.

Freud, S. (1923): Das Ich und das Es. GW Bd. XIII. Frankfurt/M. (Fischer), S. 237–289.

Freud, S. (1930): Das Unbehagen in der Kultur. GW Bd. XIV. Frankfurt/M. (Fischer), S. 419–506.

Freud, S. (1933): Neue Folge der Vorlesungen zur Einführung in die Psychoanalyse. GW Bd. XV. Frankfurt/M. (Fischer).

Freud, S. & Breuer, J. (1895): Studien über Hysterie. GW Bd. I. Frankfurt/M. (Fischer), S. 75–312.

Guntrip, H.S. (1968): Schizoid Phenomena, Object Relations and the Self. London (Karnac).

Heimann, P. (1996): Über die Gegenübertragung. Forum Psa. 2, 179–184 (Übersetzung des Artikels von 1950).

Hilgers, M. (2006): Scham – Gesichter eines Affekts. Göttingen (Vandenhoeck & Ruprecht).

Hilgers, M. (2007): Scham – behandlungstechnische Aspekte. Vorlesung, Lindauer Psychotherapiewochen.

Hirsch, M. (1997): Schuld und Schuldgefühl. Göttingen (Vandenhoeck & Ruprecht)

Hirsch, M. (2002): Besonderheiten psychoanalyischer Therapie traumatisierter Patienten. Imagination 24, 54–63.

Hirsch, M. (2011): Trauma. Gießen (Psychosozial).

Hockenberry, S.L. (1995): Dyadic violence, shame, and narcissism. Contemp. Psa. 31, 301–325.

Hoffmann, S.O. (2008): Psychodynamische Therapie von Angststörungen. Stuttgart (Schattauer).

Holmes, J. (2012): Sichere Bindung und Psychodynamische Therapie. Klett-Cotta (Stuttgart).

Horney, K. (1950): Neurose und menschliches Wachstum. Frankfurt/M. (Fischer) 1993.

Izard, C.E. (1991): The psychology of emotions. New York (Plenum Press).

Jaeggi, E. (2001): Und wer therapiert die Therapeuten? Stuttgart (Klett-Cotta).

Jaenicke, C. (2006): Das Risiko der Verbundenheit – Intersubjektivität in der Praxis. Stuttgart (Klett-Cotta).

Jaenicke, C. (2011): Veränderung in der Psychoanalyse. Stuttgart (Klett-Cotta).

Joraschky, P. (1998): Psychodynamische Therapie der Sozialphobie. In: Katschnig, H.; Demal, U. & Windhaber, J. (Hg.): Wenn Schüchternheit zur Krankheit wird. Wien (Facultas).

Josselson, R. (1992): The Space between us. San Francisco (Jossey-Bass).

Jurist, E.L. (2008): Minds and yours. New directions for mentalization theory. In: Jurist, E.; Slade, A. & Bergner, S. (Hg.): Mind to mind. Infant research, neuroscience, and psychoanalysis. New York (Other Press).

Kapfhammer, H.-P. (1995): Entwicklung der Emotionalität. Kohlhammer (Stuttgart).

Kaufman, G. (1989): The psychology of shame – theory and treatment of shame-based syndromes. New York (Routledge).

Kluge, F. (1983): Etymologisches Wörterbuch. Berlin (Gruyter).

Kluitmann, A. (1999): Es lockt bis zum Erbrechen. Zur psychischen Bedeutung des Ekels. Forum Psa. 15, 267–281.

Kohut, H. (1976): Narzißmus. Frankfurt/M. (Suhrkamp).

Kohut, H. (1979): Die Heilung des Selbst. Frankfurt/M. (Suhrkamp).

Krause, R. (1993): Über das Verhältnis von Trieb und Affekt am Beispiel des perversen Aktes. Forum Psa, 9, 187–197.

Krause, R. (2001): Affektpsychologische Überlegungen zur menschlichen Destruktivität. Psyche – Z. Psychoanal. 55, 934–960.

Krause, R. (2003): Affekte. Vorlesung. Lindauer Psychotherapiewochen (Auditorium).

Krause, R. (2007): Psychodynamische Interventionen. Universität des Saarlandes, Klinische Psychologie und Psychotherapie (Internet-Veröffentlichung).

Krystal, H. (1988): Integration and Self-Healing. Affect, Trauma, Aexithymia. New Jersey (Hillsdale).

Lansky, M.R. (2008): Beobachtungen zur Dynamik der Einschüchterung: Spaltung und projektive Identifizierung als Abwehrmanöver gegen Scham. Psyche – Z. Psychoanal. 62, 929–961.

Lansky, M.R. & Morrison, A. P. (Hg.) (1997): The widening scope of shame. Hillsdale (Analytic Press).

Leibig, B. (1998): Aspekte der Scham in der Psychotherapie. Psychotherapeut 43, 26–31.

Lewis, H.B. (1971): Shame and guilt in neurosis. New York (Int. Univ. Press).

Lewis, H.B. (1987) (Hg.): The role of shame in symptom formation. New Jersey (Lawrence Erlbaum Associates).

Lewis, M. (1991): Shame – The exposed self. New York (New Press).

Lichtenberg, J.D.; Lachmann, F.M. & Fosshage, J. L. (1996): Werte und moralische Haltungen. Psyche – Z. Psychoanal. 50, 407–443.

Lichtenberg, J.D. (2008): Sensuality and sexuality across the divide of shame. New York (Analytic Press).
Lietzmann, A. (2003): Theorie der Scham. Eine anthropologische Perspektive auf ein menschliches Charakteristikum. Dissertation, Universität Tübingen.
Little, M. (1998): Gegenübertragung und die Reaktion des Patienten. Forum Psa. 14, 162–175.
Luborsky, L. (1999): Einführung in die analytische Psychotherapie. Göttingen (Vandenhoeck & Ruprecht).
Lynd, H.M. (1958): On shame and the search for identity. New York (Harcourt, Brace & World).
Lyons-Ruth, K. (1998): Implicit relational knowing: Its role in development and psychoanalytic treatment. Infant Mental Health Journal 19, 282–289.
Mann, D. (1999): Psychotherapie: eine erotische Beziehung. Stuttgart (Klett-Cotta).Maroda, K. (2010): Psychodynamic techniques – Working with emotion in the therapeutic relationship. New York (Guilford).
Mertens, W. (2011): Psychoanalytische Schulen im Gespräch. Bd. 2: Selbstpsychologie, Post-Selbstpsychologie, relationale und intersubjektive Kritik. Bern (Huber).
Miller, S. (1985): The shame experience. New Jersey (The analytic press).
Mitchell, S. (1993): Hope and dread in psychoanalysis. New York (Basic Books).
Mitchell, S. (2003): Bindung und Beziehung. Auf dem Weg zu einer relationalen Psychoanalyse. Gießen (Psychosozial).
Mitchell, S. (2004): Kann denn Liebe ewig sein? Gießen (Psychosozial).
Morrison, A. (1989): Shame – the underside of naricissism. Hillsdale (Analytic Press).
Morrison, A. (1998): The culture of shame. New Jersery (Jason Aronson).
Moser, U. & Zeppelin, I. von (1996): Die Entwicklung des Affektsystems. Psyche – Z. Psychoanal. 50, 32–84.
Nathanson, D.L. (1992): Shame and pride – Affect, sex, and the birth of the self. New York (Norton & Company).
Nathanson, D.L. (1996): Interview with Donald Nathanson. Nathanson Biosketch/Behavior Online Home Page/Behavior Online Forums, www.behavior.net/column/nathanson.
Neubaur, C. (1987): Übergänge, Spiel und Realität in der Psychoanalyse Donald W. Winnicotts. Frankfurt/M. (Athenäum).
Ogden, T.H. (1995): Analyzing forms of aliveness and deadness of the transference-countertransference. I. J. Psycho-Anal. 76, 695–709.
Ogden, T.H. (2000). Frühe Formen des Erlebens. Wien (Springer).
Orange, D.M. (2004): Emotionales Verständnis und Intersubjektivität. Beiträge zu einer psychoanalytischen Epistemologie. Frankfurt/M. (Branden & Apsel).
Orange, D.M.; Atwood, G.E. & Stolorow, R.D. (2001): Intersubjektivität in der Psychoanalyse. Frankfurt/M. (Brandes & Apsel).
Peichl, J. (2007): Die inneren Trauma-Landschaften. Borderline, Ego-State, Täter-Introjekt. Stuttgart (Schattauer).

Pfau, B. (1998): Scham und Depression. Stuttgart (Schattauer).
Piers, G. & Singer, M. B. (1953): Shame and guilt. New York (Norton).
Remschmidt, H. (1991): Emotionsentwicklung und Neurosenentstehung. Stuttgart (Enke).
Ricci, W. & Broucek, F. (1998): Optimal responsiveness and neutrality, abstinence, and anonymity. In: Bacal, H. (Hg.): Optimal responsiveness. Northvale (Jason), S. 35–58.
Roth, G. (2001): Fühlen, Denken, Handeln. Wie das Gehirn unser Verhalten steuert. Frankfurt/M. (Suhrkamp).
Rudolf, G. (2004): Strukturbezogene Psychotherapie. Stuttgart (Schattauer).
Rudolf, G. (2010) Psychodynamische Psychotherapie. Die Arbeit an Konflikt, Struktur und Trauma. Stuttgart (Schattauer).
Safran, J.D. & Muran, J.C. (2000): Negotiating the therapeutic Alliance. New York (Guilford).
Sandler, J. & Sandler, A.-M. (1985): Vergangenheits-Unbewußtes, Gegenwarts-Unbewußtes und die Deutung der Übertragung. Psyche – Z. Psychoanal. 39, 800–829.
Sartre, J.-P. (1974): Das Sein und das Nichts – Versuch einer phänomenologischen Ontologie. Reinbek (Rowohlt).
Schore, A.N. (1994): Affect regulation and the origin of the self. Mahwah, New Jersey (Erlbaum).
Schore, A.N. (2007): Affektregulation und die Reorganisation des Selbst. Stuttgart (Klett-Cotta).
Schore, A.N. (2012): The science of the art of psychotherapy. New York (Norton).
Seidler, G.H. (1995): Der Blick des anderen – eine Analyse der Scham. Stuttgart (Klett-Cotta).
Shengold, L. (1995): Soul Murder. Seelenmord – die Auswirkungen von Missbrauch und Vernachlässigung in der Kindheit. Frankfurt/M. (Brandes & Apsel).
Spero, M.H. (1984): Shame – An object-relational formulation. Psychoanal. Study Child 39, 259–282.
Spezzano, C. (1993): Affect in psychoanalysis – a clinical synthesis. Hillsdale (Analytic Press).
Stern, D.N. (1990): Tagesbuch eines Babys. München (Piper).
Stern, D.N. (1992): Die Lebenserfahrung des Säuglings. Stuttgart (Klett-Cotta).
Stern, D.B. (2008): On having to find what you don't know how to look for. In: Jurist, E.; Slade, A. & Bergner, S. (Hg.): Mind to mind. Infant research, neuroscience, and psychoanalysis. New York (Other Press).
Stern, D.B. (2010): Partners in thought. Working with unformulated experience, dissociation, and enactment. New York (Routledge).
Stolorow, R. & Atwood, G. (1992): Contexts of being. The intersubjective foundations of psychological life. Hillsdale (Analytic Press).
Stolorow, R.; Branchaft, B. & Atwood, G. (1996): Psychoanalytische Behandlung. Ein intersubjektiver Ansatz. Frankfurt/M. (Fischer).
Tangney, J.P. & Dearing, R. L. (2002): Shame and guilt. New York (Guilford).

Tiedemann, J.L. (2008a): Die intersubjektive Natur der Scham. Forum Psa. 24, 3, 246–263.

Tiedemann, J.L. (2008b): Ist psychoanalytische Revisionsfreude anrüchig? Forum Psa. 24, 3, 401–405.

Tiedemann, J.L. (2010): Die Scham, das Selbst und der Andere. Gießen (Psychosozial).

Tisseron, S. (2000): Phänomen Scham. München (Reinhardt).

Titze, M. (2004): Die heilende Kraft des Lachens. Mit therapeutischem Humor frühe Beschämungen heilen. München (Kösel).

Tomkins, S.S. (1963): Affect, imagery, consciousness. Vol. II. New York (Springer).

van der Kolk, B. & McFarlane, A. (1996): Trauma – ein schwarzes Loch. In: van der Kolk, B.; McFarlane, A. & Weisaeth, L. (Hg.) Traumatic Stress. Grundlagen und Behandlungsansätze. Paderborn (Junfermann).

Volkart, R. (1998): Kann man »die Spirale aus Scham, Wut und Schuldgefühl durch Lachen auflösen?« Psychotherapeut 43, 179–191.

Wallin, D. (2007): Attachment in Psychotherapy. New York (Guilford).

Winnicott, D.W. (1971): Vom Spiel zur Kreativität. Stuttgart (Klett-Cotta).

Winnicott, D.W. (1974): Reifungsprozesse und fördernde Umwelt. Gießen (Psychosozial).

Wirth, H.-J. (2010): Ekel – Psychodynamik, Beziehungsdynamik und kulturelle Bedeutung einer vitalen Empfindung. In: Vogt, R. (Hg.): Ekel als Folge traumatischer Erfahrungen. Gießen (Psychosozial).

Wurmser, L. (1986): Die innere Grenze: Das Schamgefühl – ein Beitrag zur Überich-Analyse. Jahrb. der Psychoanal., Bd. 18. Tübingen (Frommann-Holzboog).

Wurmser, L. (1987): Shame: The veiled companion to narcissism. In: Nathanson, D.L. (Hg.): The many faces of shame. New York (Guilford).

Wurmser, L. (1990): Die Maske der Scham – die Psychoanalyse von Schamaffekten und Schamkonflikten. Berlin (Springer).

Wurmser, L. (1997): Die verborgene Dimension. Göttingen (Vandenhoeck & Ruprecht).

Wurmser, L. (1999): Magische Verwandlung und tragische Verwandlung. Die schwere Neurose – Symptom, Funktion, Persönlichkeit. Göttingen (Vandenhoeck & Ruprecht).